CODE VICINAL

DU DÉPARTEMENT DE L'EURE,

Par A. DELCOURT.

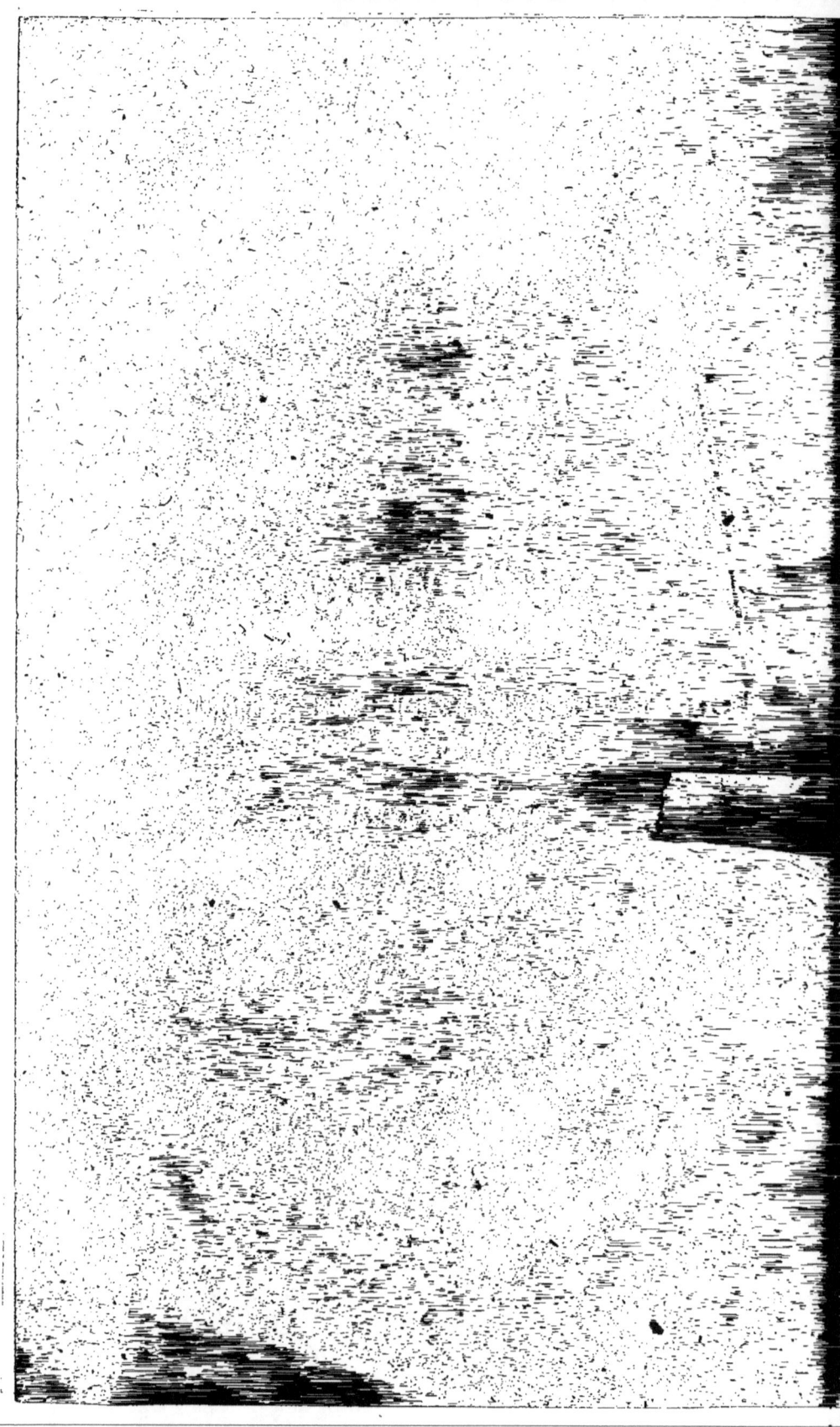

CODE VICINAL

DU DÉPARTEMENT DE L'EURE,

LOIS, RÈGLEMENTS, DÉCISIONS et INSTRUCTIONS

Concernant le service vicinal;

Par A. DELCOURT,

CHEF DU BUREAU DE L'INTÉRIEUR A LA PRÉFECTURE DE L'EURE,

Auteur des *Essais historiques sur le Département de Seine-et-Marne*, 1er Vol.;
des *Mémoires d'un pauvre Hère*, des *Jours heureux*, etc., etc.

EVREUX,
C.-F. CANU, ÉDITEUR, IMPRIMEUR DE LA PRÉFECTURE.

—

1843.

AVERTISSEMENT.

CLASSIFICATION DES MATIÈRES.

L'ordre d'après lequel a été opérée la classification des matières dans le règlement de **M. le Préfet**, du 29 octobre 1843, sur le service vicinal, nous ayant paru conforme à la division naturelle du sujet, nous avons cru devoir l'adopter de préférence au classement des articles de la loi du 21 mai 1836.

Il n'est donc pas possible de reproduire les articles de la loi en observant l'ordre de leur série, mais la table qui suit préviendra toute confusion et facilitera les recherches.

EXPLICATION DES ABRÉVIATIONS.

Art. signifie article.
Art. CC. — arrêt de la Cour de cassation.
C. ou *C. c.* ou *C. civ.* — Code civil.
Civ. c. — arrêt de la Chambre civile de la Cour de cassation, qui casse.
Civ. r. — arrêt de la Chambre civile de la Cour de cassation, qui rejette.
Cr. c. — arrêt de la Chambre criminelle de la Cour de cassation, qui casse.
Cr. r. — arrêt de la Chambre criminelle de la Cour de cassation, qui rejette.
Req. — arrêt de la Chambre des requêtes, qui rejette.

OMISSION. — *Page 20, Ve Série :*

Les chemins vicinaux légalement reconnus sont à la charge des communes, sauf les dispositions de l'art. 7.

CLASSEMENT

Des Articles de la Loi.

Art. 1er p. 20 (*voir avertissement*, der §).
Art. 2 p. 20.
Art. 3 p. 21.
Art. 4 p. 21.
Art. 5 p. 21, 35.
Art. 6 p. 22.
Art. 7 p. 27.
Art. 8 p. 28.
Art. 9 p. 28.
Art. 10 p. 10.
Art. 11 p. 7.
Art. 12 p. 28.
Art. 13 p. 31.
Art. 14 p. 32.
Art. 15 p. 10.
Art. 16 p. 14.
Art. 17 p. 41.
Art. 18 p. 41.
Art. 19 p. 15.
Art. 20 p. 38.
Art. 21 p. 5, 35, 38, 43, 45.
Art. 22 p. 45.

INTRODUCTION.

Il était réservé à l'assemblée nationale de résoudre une question de haute philosophie qui avait fort occupé les loisirs du 18e siècle, question que l'Académie française, en désespoir de cause, avait cru devoir mettre au concours; il ne s'agissait de rien moins que de décider si l'homme était né pour vivre en société?

Cette singulière proposition, toute futile qu'elle devait paraître à la cour et à la ville, comme on disait alors, cette singulière proposition fut cependant jugée digne d'un examen sérieux par l'un des plus éloquents interprètes de la raison humaine. Rousseau sut lui donner une grande valeur, il n'hésita pas à contester l'autorité des faits, et parvint à faire entrer le doute dans les esprits. Ce doute subsistait encore lorsque l'assemblée nationale mit un terme à cette magnifique polémique, en décrétant le système vicinal dont la conséquence fut de placer sous la protection du pacte constitutif de l'état des relations de voisinage.

Offrir à la population les moyens de se rendre à peu de frais et avec une moindre perte de temps partout où elle pouvait être appelée par ses affaires ou pour ses plaisirs, faciliter le transport des denrées et des marchandises; tel était le but de la loi du 28 septembre, 16 octobre 1791; elle imposait aux communes l'obligation de pourvoir à l'entretien des chemins reconnus et classés. Cette disposition était non seulement un acte de bonne administration propre à encourager le travail, à favoriser les progrès et les développements de l'agriculture et du commerce, c'était encore un moyen actif et puissant de civilisation. Dès lors toute administration, jalouse de remplir dignement sa mission, se trouvait engagée à provoquer la construction de nombreuses et faciles voies de communication comme autant de moyens devant faciliter le rapprochement des citoyens, et resserrer les liens qui unissent l'humanité; mais le pays avait alors de grandes destinées à accomplir; peuple et gouvernement devaient à la gloire le sacrifice des intérêts matériels.

Le directoire par son arrêté du 23 messidor an 5, et, plus tard, l'empire, en publiant la loi du 9 ventôse an 13 (28 février 1805), essayèrent, mais vainement, de redonner quelque vigueur aux dispositions de la loi magistrale. Ces actes furent, avec la loi du 28 juillet 1824, des jalons placés par les divers gouvernements pour marquer la route parcourue avant d'arriver à une situation nette et tranchée.

La loi du 21 mai 1836 nous a placés sur un terrain solide, c'est à dater de la promulgation de cette loi que commence l'ère des intérêts matériels, et il ne fut plus possible à l'administration publique d'esquiver les difficultés du travail pour suivre paisiblement sa marche habituelle en se traînant dans les ornières profondément creusées par la routine; il fallait en sortir, la loi l'exigeait; car elle portait en elle son ordre d'exécution, l'injonction formelle à l'administration de s'occuper avec zèle et intelligence de l'application de ses dispositions.

Chaque préfet dans l'année suivant la promulgation de la loi devait soumettre au conseil général un réglement dans lequel il était appelé à fixer le maximum de la largeur des chemins vicinaux, les détails nécessaires à l'exécution de chaque mesure, les époques auxquelles les prestations en nature devaient être faites, le mode de leur emploi et de leur conversion en tâches; toutes choses qui n'avaient été ni prévues ni indiquées par les lois antérieures; ajoutez-y encore les détails relatifs à la surveillance et à la conservation des chemins.

Le ministère donna l'exemple d'un louable empressement; il publia sur la matière une instruction qui peut être considérée non seulement comme le chef-d'œuvre du genre, mais encore comme un ouvrage littéraire très-remarquable, aussi profondément pensé que bien écrit.

La circulaire du 24 juin 1836 expliqua la théorie du système vicinal, MM. les préfets la reproduisirent dans leurs réglements; mais de la théorie à la pratique il y a un pas immense que la plupart n'ont pas encore franchi: les uns parce qu'ils ont manqué du courage dont il faut être doué pour innover et vaincre les résistances de l'habitude, les autres parce qu'ils étaient privés de moyens d'exécution n'ayant pas trouvé chez les employés de leur administration le concours actif et intelligent auquel ils avaient le droit de prétendre, et qui leur était indispensable.

Cette loi du 21 mai 1836 prit à l'improviste la plupart des préfets et des conseillers généraux; depuis long-temps, il est vrai, on faisait de la théorie en matière de chemins vicinaux, on avait dit et répété, chaque fois que l'occasion s'était présentée de traiter quelques questions d'économie politique, que le premier soin de l'administration devait être d'améliorer les communications publiques; mais on était resté, et pour cause, très-sobre de projets touchant les moyens d'exécution; on avait bien prévu que le concours des maires serait insuffisant, que les nécessités du service exigeraient la création d'employés spéciaux ; la loi avait d'ailleurs indiqué ce moyen ; elle admettait une nouvelle classe de fonctionnaires publics, sous le titre d'agents-voyers, laissant l'administration tout-à-fait libre d'user de ce moyen dans un cercle plus ou moins étendu ; mais, pour fixer le nombre nécessaire de ces employés, pour définir leurs attributions, pour porter atteinte aux droits de l'autorité municipale, pour réglementer enfin les détails du service avec une intelligence parfaite de ses besoins, il fallait des connaissances pratiques qui manquaient, disons plus, qui devaient manquer au plus grand nombre des préfets.

Les uns n'avaient été frappés que d'un seul article de la loi, celui qui leur donne et aux conseils généraux le droit de créer des chemins de grande communication. Pour eux tout le système vicinal se résumait dans le classement de grandes lignes: ils organisèrent en conséquence le personnel des agents-voyers, c'est-à-dire d'une manière très restreinte, mais en même temps fort onéreuse, par suite de l'élévation du traitement de ces employés.

Les autres, retenus par la crainte d'augmenter outre mesure les charges de leur département ou de diminuer notablement les ressources affectées à la réparation des chemins, en prélevant sur ce produit une somme trop élevée pour rétribuer le personnel, sont restés en-deçà du but, en instituant des espèces d'inspecteurs généraux, dont l'action, sans énergie et sans force, devait s'exercer, non sur des prestataires, des ouvriers salariés, des cantonniers et des entrepreneurs, mais sur des fonctionnaires (les maires), qui ne pouvaient en aucune manière être soumis à leur contrôle.

Bien peu de préfets ont pu constituer définitivement, dans l'année qui a suivi la promulgation de la loi du 21 mai 1836, le personnel des agents-voyers, et coordonner cette mesure avec les dispositions de l'arrêté réglementaire qu'ils étaient tenus de rédiger; de-là, la nécessité de revoir, de modifier, de rectifier cet acte important.

Nous ne rechercherons pas quels sont les départements où le service vicinal est encore à organiser; nous nous bornerons à remarquer que, dans le département de l'Eure, l'organisation est complète (1).

Le département de l'Eure est divisé en 5 arrondissements et 36 cantons: l'administration préfectorale a été bien inspirée en constituant le personnel des agents chargés du service vicinal, conformément à cette répartition; le personnel se compose :

D'un agent-voyer en chef;
D'un agent-voyer supérieur par arrondissement;
D'un agent-voyer par canton.

En effet, il est convenable, il importe à la bonne direction du service qu'un contrôle immédiat soit attribué à un employé supérieur éprouvé, jouissant de toute la confiance de l'administration ; il importe, disons-nous, que cet employé puisse exercer une surveillance étendue en tout ce qui a rapport à la question d'art, au mode d'exécution des travaux, à la comptabilité des ressources.

La comptabilité des ressources notamment appelle un examen sérieux ; en raison de la nécessité dans laquelle se trouve souvent l'administration d'autoriser l'exécution des travaux par voie de régie, nécessité qui résulte de la nature même des travaux et de l'insuffisance des crédits qui leur sont applicables.

Un agent-voyer par arrondissement est l'intermédiaire indispensable du sous-préfet avec les agents-voyers cantonnaux. Ce fonctionnaire s'offre au magistrat comme un moyen d'action pour imprimer au service l'activité, l'unité et la force qui lui sont nécessaires, afin d'obtenir les résultats précieux qui doivent être le prix des sacrifices considérables supportés par les populations ; d'ailleurs, cet agent-voyer d'arrondissement n'est-il pas une sorte d'ingénieur des ponts et chaussées. Il est chargé comme celui-ci d'étudier des projets d'une certaine importance; disons plus, nous sommes convaincu, et notre conviction sera sans doute partagée par MM. les ingénieurs des ponts et chaussées eux-mêmes, que les études auxquelles il faut se livrer, pour soumettre à l'administration un projet complet de construction, demandent autant de soins lorsqu'il s'agit d'une grande ligne vicinale que lorsqu'il s'agit des grandes routes.

S'il était nécessaire de démontrer l'utilité de l'agent-voyer cantonal, il nous suffirait de faire un appel au témoignage de MM les maires; en effet l'agent-voyer cantonnal surveille non seulement, comme doit le faire un chef d'atelier, l'exécution des travaux exécutés sur les chemins de grande communication, mais il est chargé encore spécialement de tout le détail du service des chemins vicinaux ordinaires. L'agent-voyer cantonnal visite, chaque année, les chemins vicinaux des communes de sa circonscription, afin d'indiquer aux conseils municipaux, réunis en session ordinaire, au mois de mai, le chiffre des ressources à voter; l'agent-voyer cantonnal prépare les bases de la conversion en tâches des journées de prestation ; l'agent-voyer cantonnal dresse les devis des travaux à exécuter, surveille leur exécution : les arrêtés des maires, en matière d'alignement, sont préparés par ses rapports ; il assume sur lui la responsabilité de tous les actes de rigueur, qu'il s'agisse d'élagages des plantations riveraines des chemins ou de la répression des anticipations; enfin, c'est encore lui qui se charge de toutes les écritures auxquelles donnent lieu les justifications exigées par l'administration.

---

(1) Nous signalerons ici en quelques mots l'erreur très-préjudiciable au service dans laquelle sont tombés les préfets et les conseils généraux qui l'ont fait rentrer dans les attributions des ingénieurs des ponts et chaussées. Charger MM. les ingénieurs des ponts et chaussées, qui travaillent très-bien sans doute, mais très-lentement et à grands frais, et qui d'ailleurs suffisent à peine à leurs fonctions, d'imprimer une grande activité aux travaux de construction des chemins vicinaux, c'est faire précisément le contraire de ce que l'on se propose, c'est entraver et le service des grandes routes, et le service des chemins vicinaux.

Nous nous sommes plu à reconnaître que l'organisation du service vicinal, dans le département de l'Eure, réunissait tous les éléments propres à assurer l'exécution la plus complète de la loi du 21 mai 1836 : loi qui a été reçue comme un bienfait par les populations, loi de progrès, d'intérêt matériel, de civilisation, de prospérité publique, dont l'application intelligente sera toujours un titre d'honneur pour tout administrateur jaloux d'acquérir des droits à la reconnaissance de ses concitoyens.

Maintenant, qu'il nous soit permis de terminer cette longue série d'observations, en reportant le mérite de l'heureuse situation dans laquelle se trouve le pays, à l'activité, à l'énergie du premier magistrat de ce département, à l'habile administrateur qui a su faire porter des fruits précieux aux votes si intelligents du conseil général, et résumons en quelques mots l'état de la voirie en France.

Les communications publiques sont de cinq sortes : (nous omettons à dessein les chemins de fer) les routes royales, les routes départementales, les chemins vicinaux de grande communication, les chemins vicinaux ordinaires et les chemins ruraux.

La construction et l'entretien des routes royales sont à la charge de l'état, les routes départementales sont construites et entretenues aux frais des départements.

Les chemins prennent la dénomination de chemins *vicinaux* lorsqu'ils ont été reconnus et classés par un arrêté préfectoral. Ils se divisent en chemins vicinaux de grande communication et chemins vicinaux ordinaires.

Les chemins de grande communication sont créés et établis dans l'intérêt de plusieurs localités, mais ils ne sortent pas de la catégorie des chemins vicinaux, quoique placés particulièrement sous l'autorité du préfet. Quant à leur direction et au mode d'exécution des travaux, l'administration préfectorale dispose en cette circonstance non seulement des contingents centralisés fournis par les communes, mais encore du produit de centimes additionnels votés pour cet objet par le conseil général.

L'entretien des chemins vicinaux ordinaires est à la charge exclusive des communes. Les anticipations sur leur largeur fixée sont réprimées par les conseils de préfecture.

Les chemins qui ne sont pas compris dans l'arrêté de classement du préfet sont des chemins ruraux. Leur entretien reste à la charge des riverains ; mais les maires doivent aussi veiller à ce qu'ils soient réparés, et ne pas perdre de vue les dispositions de l'article 41 de la loi du 28 septembre, 16 octobre 1791, qui rend les communes passibles des dommages qu'aurait encourus tout voyageur qui aurait déclos un champ pour s'y faire un passage, par suite de l'impossibilité de pratiquer le chemin public.

L'exposé qui précède était nécessaire pour faire bien comprendre le but, l'importance et l'utilité du système vicinal. Quant au mode de classement des matières que nous avons cru devoir adopter, nous pensons que toutes explications seraient superflues. Il est facile de reconnaître, dès les premières pages, l'esprit qui nous a dirigé.

Nous avons voulu, en rapprochant de chaque article de la loi les articles organiques dont la rédaction a été confiée par la loi elle-même à l'autorité préfectorale, le commentaire ministériel et les décisions des tribunaux et de l'autorité administrative, nous avons voulu, disons-nous, rendre facile à tous les citoyens l'étude des lois qui régissent la voirie vicinale.

Iʳᵉ SÉRIE.

Prescriptions relatives à l'exécution de la loi du 21 mai 1836.

LOI DU 21 MAI 1836.

Article 21.

« Dans l'année qui suivra la promulgation de la présente loi, chaque
» préfet fera, pour en assurer l'exécution, un règlement qui sera com-
» muniqué au conseil général, et transmis, avec ses observations, au
» Ministre de l'intérieur, pour être approuvé, s'il y a lieu.

» Ce règlement fixera, dans chaque département, le maximum de la
» largeur des chemins vicinaux ; il fixera en outre les délais nécessaires
» à l'exécution de chaque mesure, les époques auxquelles les prestations
» en nature devront être faites, le mode de leur emploi ou de leur con-
» version en tâches, et statuera en même temps sur tout ce qui est relatif
» à la confection des rôles, à la comptabilité, aux adjudications et à leur
» forme, aux alignements, aux autorisations de construire le long des
» chemins, à l'écoulement des eaux, aux plantations, à l'élagage, aux
» fossés, à leur curage, et à tous autres détails de surveillance et de con-
» servation. »

ARRÊTÉ RÉGLEMENTAIRE
SUR LE SERVICE VICINAL.

Nous Maître des requêtes, Préfet de l'Eure,

Vu la loi du 21 mai 1836 sur les chemins vicinaux ;

L'arrêté du gouvernement du 23 messidor an 5; les lois des 9 ventôse an 13 et 28 juillet 1824 ;

L'instruction ministérielle réglementaire du 24 juin 1836 ;

Le titre 2 de la loi des 16-24 août 1790 et le titre 1ᵉʳ de la loi des 19-22 juillet 1791, qui chargent l'autorité municipale du soin de faire et de publier des règlements pour la police de la petite voirie ;

L'arrêt du parlement de Normandie, en date du 17 août 1751, qui détermine les distances auxquelles doivent être placées les plantations de toutes espèces, des chemins et propriétés de diverses natures;

Les arrêts rendus par le même parlement, les 3 mars 1752 et 18 janvier 1759, pour l'exécution du précédent;

La déclaration du roi, du 17 mars 1780, concernant les excavations pratiquées dans le voisinage des chemins vicinaux;

Les art. 671 et 672 du code civil;

La loi du 18 juillet 1837 sur les attributions municipales;

La loi du 3 mai 1841 sur l'expropriation pour cause d'utilité publique;

L'avis du conseil d'état du 25 janvier 1837, portant que les rues qui sont le prolongement des chemins vicinaux de grande communication, dans la traverse des communes, doivent être considérées comme faisant partie intégrante desdits chemins, et être soumises aux règles qui leur sont applicables;

L'instruction de M. le Ministre de l'intérieur du 30 novembre 1840, sur la comptabilité publique, et l'instruction du 11 février même année;

L'arrêté préfectoral du 25 novembre 1836, pris pour l'exécution de la loi du 21 mai 1836;

L'arrêté préfectoral du 9 septembre 1840, sur l'organisation du personnel des agents attachés au service vicinal, et les diverses instructions insérées au Recueil des Actes administratifs de la préfecture de l'Eure, dans le courant de la même année, pour régulariser le service;

L'arrêté réglementaire du service vicinal, en date du 15 avril 1841;

Les délibérations du conseil général des 26 août 1836, 25 août 1838 et 28 août 1840;

Considérant que le règlement du 25 novembre 1836, pris pour l'exécution de la loi du 21 mai 1836, sur les chemins vicinaux, contient quelques prescriptions qui ne sont point en harmonie avec les dispositions de la loi du 18 juillet 1837, réglant les attributions municipales, et les instructions ministérielles publiées depuis la promulgation de la loi vicinale;

Considérant qu'il importe de réunir et classer les règlements supplémentaires, règlements dont l'expérience a démontré l'utilité et qui ont été adoptés afin d'assurer le bon emploi des ressources affectées à la construction, l'entretien et la réparation des chemins vicinaux;

Après avoir pris l'avis du conseil général du département (1),

AVONS ARRÊTÉ ET ARRÊTONS CE QUI SUIT :

---

(1) Délibération du 28 août 1843.
Le Conseil donne l'approbation la plus complète au projet de règlement présenté par M. le Préfet, et exprime le désir que ce travail remarquable puisse être prochainement mis en vigueur.

IIe SÉRIE.

Agents-voyers.

Article 11 de la loi.

« Le Préfet pourra nommer des agents-voyers.
» Leur traitement sera fixé par le conseil général.
» Ce traitement sera prélevé sur les fonds affectés aux travaux.
» Les agents-voyers prêteront serment ; ils auront droit de constater
» les contraventions et délits et d'en dresser des procès-verbaux. »

TITRE 1er.

Chapitre 1er du règlement.

Agents-Voyers.

Art. 1er. Le service des agents-voyers dans le département de l'Eure se compose :

1° D'un agent-voyer en chef résidant au chef-lieu du département, chargé sous l'autorité du Préfet de la direction générale de ce service ;

2° De six agents-voyers d'arrondissement, placés sous l'autorité de MM. les sous-préfets, dans chaque arrondissement de sous-préfecture, et sous la direction et la surveillance de l'agent-voyer en chef ;

3° De 36 agents-voyers cantonnaux, placés sous l'autorité de MM. les sous-préfets, la direction et la surveillance des agents-voyers en chef et ceux d'arrondissement ;

4° D'un agent-voyer cantonnal, spécialement attaché au service central, de sept piqueurs, auxiliaires de l'agent-voyer en chef et des agents-voyers d'arrondissement, pour être employés, soit aux travaux d'étude des projets, soit aux travaux d'exécution, comme conducteurs surveillants ou chefs d'atelier.

Art. 2. Le traitement des divers agents du service vicinal est fixé conformément aux délibérations du conseil général.

Chapitre 2.

Attributions des agents-voyers (1).

Art. 3. L'agent-voyer en chef est chargé de la direction et de la

---

(1) Instruction ministérielle du 24 juin 1836. — Vous réglerez, monsieur le

surveillance du service vicinal dans le département, sans que son autorité et sans que son intervention puissent porter obstacle aux droits et attributions délégués par le Préfet à MM. les sous-préfets.

L'agent-voyer en chef dirige les études, la construction et l'entretien des chemins de grande communication.

Il exerce une surveillance générale sur toutes les parties du service vicinal, tant en ce qui concerne les études, l'exécution des travaux, que la conservation des chemins.

Il est chargé spécialement de toutes les opérations de la comptabilité relative aux chemins de grande communication, et vérifie celle des agents-voyers, relative aux chemins vicinaux.

Il doit s'assurer personnellement de l'état et de la situation des chemins vicinaux de grande communication, en faisant au moins une tournée chaque année dans le département.

Il remplit enfin toutes les missions qui lui sont confiées par le Préfet en raison de son service.

Art. 4. Les agents-voyers d'arrondissement sont spécialement chargés, sous l'autorité de MM. les sous-préfets, et la direction de l'agent-voyer en chef, de l'étude des projets, de la rédaction des devis, de la surveillance, de l'exécution de tous les travaux concernant les chemins vicinaux de grande communication, et de la comptabilité y relative.

Préfet, les attributions et les fonctions des agents-voyers, selon que l'expérience vous l'aura indiqué, si déjà les agents existent dans votre département, ou selon qu'il vous paraîtra utile, si l'instruction est nouvelle.

Circulaire du 11 octobre 1836. — Dans chaque département il devra être formé une commission qui sera chargée d'examiner les candidats.

Programme des connaissances exigées des agents-voyers.

1° Principes de la langue française;
2° L'arithmétique et le système légal des poids et mesures;
3° L'algèbre jusqu'aux équations du deuxième degré;
4° La théorie des logarithmes et l'usage des tables;
5° Les éléments de géométrie;
6° La trigonométrie rectiligne et l'usage des tables de sinus;
7° La statique élémentaire et les conditions d'équilibre des machines simples et composées;
8° Le dessin graphique et le lavis;
9° Lever un plan à l'équerre, au graphomètre ou à la boussole;
10 Faire et rapporter un nivellement au niveau d'eau et au niveau à bulle d'air;
11° Notions sur le tracé et sur les travaux d'entretien des routes;
12° Calcul des déblais et remblais pour la construction des routes;
13° Notions sur les qualités et les défauts des matériaux et sur leur emploi dans les maçonneries, charpente, etc.

Les candidats devront faire un projet complet de route, d'après des profils déterminés, et des projets de ponts ou de ponceaux en pierre ou en charpente.

Ils exercent une haute surveillance sur toutes les opérations confiées aux agents-voyers cantonnaux.

Art. 5. Les agents-voyers cantonnaux sont chargés de tous les détails du service des chemins vicinaux ordinaires qu'ils dirigent et conduisent, conjointement et sous la surveillance des maires.

Ils dressent les projets de devis, dirigent, sous la surveillance du maire ou de son délégué, l'emploi des prestations, assistent aux adjudications, surveillent l'exécution des travaux, et procèdent à leur réception, en présence du maire ou de l'adjoint, ou tout autre conseiller municipal délégué par le maire.

Ils émettent leur avis sur les demandes d'alignement, d'autorisation de construire ou de réparer des bâtiments et clôtures le long des chemins vicinaux.

Enfin, ils sont tenus de se rendre dans les communes, toutes les fois que leur présence y est nécessaire, et leur concours utile à MM. les maires.

Art. 6. Toute mesure qui intéresse la conservation et la police des chemins est confiée à la surveillance des agents-voyers en général.

Ils assurent l'exécution des arrêtés du Préfet et des Maires, relatifs aux alignements, autorisations de construire; ils constatent par des procès-verbaux les infractions aux règlements, les entreprises commises sur lesdits chemins, enfin toutes les contraventions en matière de voirie vicinale(1).

CHAPITRE 3.

Inspecteurs spéciaux.

Art. 7. Des inspecteurs spéciaux désignés parmi les fonctionnaires et les principaux propriétaires du département auront une haute surveillance sur les travaux de chaque chemin de grande communication.

Ils devront se concerter, pour tout ce qui concerne les travaux des chemins vicinaux de grande communication, avec les agents-voyers, et concourront, s'ils le jugent convenable, à la réception des matériaux et des travaux.

Dans leurs tournées d'inspection ils reconnaîtront l'état des chemins et celui des travaux, recevront les observations de l'autorité locale, interviendront afin de proposer à l'autorité supérieure les mesures propres à faire cesser les difficultés relatives à l'exécution des travaux, qui s'élèveraient entre les communes et les propriétaires riverains.

---

(1) Décision de M. le Ministre des finances des 27 juillet et 25 août 1837.

Les Préfets sont autorisés à correspondre en franchise avec les agents-voyers de leur département.

Les agents-voyers d'arrondissement et les agents-voyers de canton sont autorisés à correspondre en franchise, sous bandes, entr'eux et avec les sous-préfets et maires.

Les agents-voyers en chef sont autorisés à correspondre, sous bandes, avec les préfets, sous-préfets, maires et tous les agents-voyers.

(Circulaire du Ministre de l'intérieur du 17 février 1837.)

Chaque affaire dont MM. les inspecteurs spéciaux auront à s'occuper donnera lieu à un rapport qu'ils adresseront à l'autorité supérieure (1).

IIIe SÉRIE.

Reconnaissance et classement des chemins vicinaux.

ARTICLE 10 DE LA LOI.

« Les chemins vicinaux reconnus et maintenus comme tels sont im-
» prescriptibles. »

ARTICLE 15.

« Les arrêtés du Préfet, portant reconnaissance et fixation de la
» largeur d'un chemin vicinal, attribuent définitivement au chemin le
» sol compris dans les limites qu'ils déterminent.
» Le droit des propriétaires riverains se résout en une indemnité, qui
» sera réglée à l'amiable ou par le juge de paix du canton, sur le rapport
» d'experts nommés conformément à l'article 17 » (2).

TITRE II DU RÈGLEMENT.

Classification, bornage, ouverture, redressement, élargissement et changement de direction des chemins vicinaux.

CHAPITRE 1er.

Classification des chemins vicinaux.

Art. 8. Le nombre des chemins vicinaux est fixé, pour chaque commune, par l'arrêté préfectoral qui les a reconnus et classés (3).

Une expédition de cet arrêté, à laquelle est annexée une carte vicinale,

---

(1) Les inspecteurs n'ont d'autorité que lorsqu'ils agissent comme délégués du Préfet, aux termes de l'art. 15 de la loi du 18 juillet 1837, attendu qu'ils ne sont pas agents-voyers; ceci résulte de l'instruction ministérielle du 24 juin 1836. — Vous ne perdrez pas de vue, monsieur le Préfet, dit cette instruction, que à l'agent principal à qui vous *attribuerez* la direction des travaux doit, comme les autres, porter le titre d'*agent-voyer;* c'est sous cette qualification seulement qu'ils peuvent être admis à prêter serment, et que leurs procès-verbaux peuvent être légalement rédigés.

(2) Voir l'art. 17 à la table.

(3) Le droit de rechercher et fixer les limites des chemins n'enlève pas aux tribunaux le droit de juger les questions de propriété (jugements des tribunaux civils de Metz, 30 mars 1829; de Meaux, 26 février 1833), sauf le cas d'interprétation réservée aux conseils de préfecture, lorsque le chemin a pu être compris dans une vente nationale. (Ordonnance du 5 juin 1820).

visée *ne varietur* par le Préfet, doit rester déposée aux archives de la mairie (1).

Art. 9. Lorsque les besoins d'une commune exigeront le classement d'un nouveau chemin, le maire invitera l'agent-voyer de canton à constater, dans un rapport, l'utilité du chemin, les droits de la commune à la propriété du sol, les limites anciennes, la largeur à fixer; ce rapport contiendra une notice circonstanciée, présentant les renseignements nécessaires pour remplir les cadres de l'arrêté de classement.

---

(1) Arrêté du gouvernement du 23 messidor an 5.

Art. 1er. Dans chaque département de la république, l'administration centrale fera dresser un état général des chemins vicinaux de son arrondissement, de quelque espèce qu'ils puissent être.

Art. 2. D'après cet état, elle constatera l'utilité de chacun des chemins dont il sera composé.

Art. 3. Elle désignera ceux qui, à raison de leur utilité, doivent être conservés, et prononcera la suppression de ceux reconnus inutiles. (Voir l'instruction ministérielle ci-après, 4e §.)

Art. 4. L'emplacement de ces derniers sera rendu à l'agriculture.

Loi du 9 ventôse an 13.

Art. 9. L'administration publique fera rechercher et reconnaître les anciennes limites des chemins vicinaux, et fixera, d'après cette reconnaissance, leur largeur suivant les localités, sans pouvoir cependant, lorsqu'il sera nécessaire de l'augmenter, la porter au-delà de six mètres, ni faire aucun changement aux chemins vicinaux qui excèdent actuellement cette dimension.

Loi du 28 juillet 1824.

Les chemins reconnus par un arrêté du Préfet, sur une délibération du conseil municipal, pour être nécessaires à la communication des communes, sont à la charge de celles sur le territoire desquelles ils sont établis, sauf le cas prévu par l'art. 9.

Extraits de l'instruction ministérielle du 24 juin 1836, sur l'exécution de la loi.

Classification des chemins vicinaux.

1° Désormais le nom des chemins vicinaux désignera seul les chemins que les communes doivent entretenir, quelle que soit d'ailleurs l'importance de ces chemins. Je vous invite donc à employer exclusivement cette dénomination dans tous vos actes comme dans votre correspondance ;

2° Les formes de la reconnaissance légale des chemins vicinaux n'ont pas été rappelées dans l'article 1er de la loi du 21 mai, parce que cette loi se réfère à la législation existante, pour tout ce qu'elle n'a pas modifié ou abrogé. Or, ces formes sont depuis long-temps fixées; elles consistent dans un arrêté du Préfet, pris sur une délibération du conseil municipal, et déclarant que tel chemin fait partie des chemins vicinaux de la commune de ...... Cette attribution, donnée aux Préfets, remonte encore à la loi du 6 octobre 1791 et à l'arrêté du directoire du 23 messidor an 5 ; elle est écrite d'une manière plus explicite dans l'art. 1er de la loi du 28 juillet 1824 ;

3° Dans certaines localités les maires paraissent croire qu'on ne doit considérer comme chemins vicinaux que les chemins communiquant d'une commune à une autre, *de vico ad vicum*; ailleurs, au contraire, ils ont demandé et souvent obtenu le classement, au rang des chemins vicinaux, de toutes les communications dont le

Le rapport restera déposé pendant quinze jours au secrétariat de la mairie, pour être communiqué à tout habitant qui désirerait être admis à en prendre connaissance; à cet effet, un avis sera publié et affiché par les soins de l'autorité municipale.

A l'expiration du délai, le maire réunira le conseil municipal pour lui soumettre toutes les pièces de l'instruction du projet.

Le conseil prendra une délibération motivée, dans laquelle la proposition du classement sera discutée et appréciée; les pièces, avec l'avis du sous-préfet, seront transmises au Préfet, qui statuera ce qu'il appartiendra.

public était actuellement en jouissance, quel que fût d'ailleurs leur peu d'importance et même leur peu d'utilité réelle. C'est une double erreur que vous devez éviter de consacrer par vos arrêtés de classement. Dans le premier cas, en effet, un classement trop restreint tend à priver les habitants de chemins qui peuvent leur être indispensables, quoiqu'ils n'établissent pas une communication entre les chefs-lieux de deux communes; dans le second cas, et c'est le plus fréquent, le classement d'un trop grand nombre de chemins vicinaux engage la commune dans des dépenses qu'elle ne peut pas supporter. Alors, ou elle néglige l'entretien d'une partie de ces chemins, et les habitants qu'ils intéressent plus particulièrement ont droit de s'en plaindre, ou bien la commune dissémine ses ressources sur tous les chemins classés, et elle s'épuise en vains efforts, sans pouvoir amener ses communications en bon état de viabilité;

4° Vous examinerez avec non moins de soin si le nombre des chemins dont le classement vous est proposé n'excède pas les besoins de la circulation, et s'il n'est pas hors de proportion avec les ressources que la commune peut appliquer à leur entretien. Si, par exemple, deux ou trois chemins conduisent du même lieu au même lieu, vous rechercherez s'il n'y aurait pas possibilité de réduire cette communication à un seul chemin, dût-il en résulter un léger détour pour quelques habitants. A plus forte raison ne classeriez-vous pas des chemins qui ne serviraient pas de communication publique, dans le vrai sens de ce mot, mais qui ne serviraient qu'à l'exploitation de quelques propriétés privées, ou à la vidange temporaire des récoltes. Dans ces divers cas, *ces chemins doivent être conservés sans doute*, mais leur entretien doit être à la charge des habitants qui en usent privativement, et cet entretien ne peut, sans injustice, être imposé à la communauté. Ils ne doivent donc pas être inscrits sur le tableau des chemins, mis légalement à la charge des communes ;

5° Le déclassement d'un chemin précédemment déclaré vicinal est dans les attributions de la même autorité, à laquelle appartient le droit de prononcer le classement. Il ne s'agit, en effet, que de rapporter un acte administratif, et il est de principe général que les Préfets peuvent rapporter leurs arrêtés et ceux de leurs prédécesseurs, pris en matière administrative. Il n'y a d'exception à cet égard que lorsque ces arrêtés ont reçu l'approbation ministérielle, ou qu'ils ont servi de base à une décision judiciaire passée en force de chose jugée.

6° L'exception de propriété élevée par un riverain ne fait pas nécessairement obstacle au classement d'un chemin ;

7° On a donc reconnu, et de nombreuses ordonnances royales rendues en matière contentieuse ont admis que l'exception de propriété du sol sur lequel est établi un chemin ne fait pas obstacle à ce que le chemin soit déclaré vicinal, s'il y a lieu. La question de propriété reste intacte, pour être jugée par les tribunaux. Si elle est résolue en faveur du réclamant, le jugement est sans effet quant à la déclaration de vicinalité, il donne seulement droit à une indemnité pour la valeur du chemin ;

Art. 10. Lorsqu'il s'agira de déclasser un chemin, il sera statué après délibération du conseil municipal et enquête *de commodo et incommodo*.

Seront entendus à l'enquête, non seulement les habitants et propriétaires de la commune sur le territoire de laquelle le chemin est établi, mais encore ceux des communes circonvoisines qui jugeraient convenable de se présenter, et ce sans préjudice des délibérations que seront appelées à prendre les conseils municipaux desdites communes.

Chapitre 2.

Bornage des chemins vicinaux (1).

Art. 11. Lorsqu'il sera nécessaire de procéder au bornage des chemins vicinaux, l'agent-voyer cantonnal dressera le plan du chemin sur toute son étendue; la direction et les alignements seront arrêtés par le maire, en présence des propriétaires riverains du chemin, ou en leur absence, s'ils ne se présentent pas après avoir été avertis par écrit, au moins huit jours à l'avance.

Les changements d'alignement seront indiqués sur le plan par un point à l'endroit où la borne devra être placée.

Art. 12. Les bornes seront en pierres dures, saillantes, hors de terre, de 50 centimètres et de 18 centimètres de côté, à moins d'impossibilité absolue, et dans ce cas, elles pourraient être en bois de chêne d'un mètre 50 centimètres de longueur sur 18 centimètres d'équarrissage; elles seront placées vis-à-vis l'une de l'autre, sur une ligne perpendiculaire à l'axe du chemin; l'intervalle laissé entr'elles devra être égal, y compris leur épaisseur, à la largeur déterminée en l'arrêté de classification des chemins

8° La prétention à la propriété du sol ne doit pas seule déterminer le déclassement d'un chemin;
9° Si la commune, tout en reconnaissant que le réclamant est propriétaire du sol du chemin, déclare qu'elle consent à en payer la valeur, et qu'elle insiste pour que la déclaration de vicinalité soit maintenue, nul doute que vous pourrez rejeter la demande de déclassement formée par le riverain, puisqu'il est désintéressé, autant que le veut la loi, par le paiement du prix du terrain que la commune reconnaît lui appartenir;
10° Les rues des bourgs et villages ne peuvent être classées comme chemins vicinaux;
11° La distinction que je viens de faire ici a été consacrée de la manière la plus formelle, par diverses ordonnances royales rendues en matière contentieuse, notamment celles des 30 juillet 1817, 23 janvier et 11 février 1820, et 27 avril 1825.

(1) Le bornage des chemins vicinaux est la conséquence de leur reconnaissance: il ne faut pas confondre cette opération préliminaire et toute provisoire avec les alignements que les maires sont appelés à donner.

vicinaux de la commune, sauf les points où le chemin aurait une largeur plus grande que celle fixée par le projet.

Cependant dans les communes où il ne sera pas possible de se procurer des bornes taillées, elles seront remplacées par des pierres dures, dont la forme et la dimension se rapprocheront, autant que possible, de celles indiquées ci-dessus.

Art. 13. Lorsqu'il sera reconnu qu'un chemin a été rétréci par suite d'usurpation, d'anticipation ou d'envahissement des propriétaires riverains, les bornes seront placées en présence de ces propriétaires, de manière à rendre au chemin sa largeur primitive; ils seront invités à signer le procès-verbal de bornage. En cas de refus, la contravention sera constatée par un procès-verbal régulier.

Art. 14. S'il est reconnu que le chemin n'a pas été rétréci par les riverains, le maire constatera sur quelle longueur sa largeur est moindre que celle fixée par l'arrêté de classement, afin qu'on puisse ultérieurement procéder, dans les formes voulues par les lois et règlements, à l'établissement de la largeur légale.

Art. 15. Sur les points où le chemin aurait une largeur plus grande que celle fixée par le Préfet, cet excédant de terrain devra toujours être considéré comme faisant partie de la voie publique.

Art. 16. Le procès-verbal constatera la largeur du chemin, entre bornes (et ce sera toujours celle fixée par le nouveau classement), ainsi que la largeur actuelle, établie d'après ce qui est dit ci-dessus, article 14 ; les différences entre ces deux largeurs, déterminées pour chaque rive du chemin, seront mentionnées au procès-verbal, et serviront ultérieument à l'évaluation des indemnités de terrain.

Art. 17. Les procès-verbaux de bornage seront dressés par les agents-voyers cantonnaux, en triple minute, pour être soumis à l'approbation du Préfet; l'une des minutes sera déposée aux archives de la commune, l'autre restera à la préfecture et la troisième à la sous-préfecture.

Art. 18. Les frais qui seraient faits pour achat et plantation de bornes seront imputés sur les ressources affectées au service vicinal.

IVe SÉRIE.

Direction nouvelle.

Article 16 de la loi.

« Les travaux d'ouverture et de redressement des chemins vicinaux
» seront autorisés par arrêté du Préfet.
» Lorsque, pour l'exécution du présent article, il y aura lieu de recou-
» rir à l'expropriation, le jury spécial, chargé de régler les indemnités,
» ne sera composé que de quatre jurés. Le tribunal d'arrondissement, en
» prononçant l'expropriation, désignera, pour présider et diriger le jury,

» l'un de ses membres ou le juge de paix du canton. Ce magistrat aura
» voix délibérative en cas de partage.

» Le tribunal choisira, sur la liste générale prescrite par l'article 29
» de la loi du 7 juillet 1833, quatre personnes pour former le jury
» spécial et trois jurés supplémentaires. L'administration et la partie
» intéressée auront respectivement le droit d'exercer une récusation pé-
» remptoire.

» Le juge recevra les acquiescements des parties.

» Son procès-verbal emportera translation définitive de propriété.

» Le recours en cassation, soit contre le jugement qui prononcera l'ex-
» propriation, soit contre la déclaration du jury qui règlera l'indem-
» nité, n'aura lieu que dans les cas prévus et selon les formes détermi-
» nées par la loi du 7 juillet 1833 (1). »

Article 19.

« En cas de changement de direction ou d'abandon d'un chemin
» vicinal, en tout ou partie, les propriétaires riverains de la partie de
» ce chemin qui cessera de servir de voie de communication, pourront
» faire leur soumission de s'en rendre acquéreurs et d'en payer la va-
» leur, qui sera fixée par des experts nommés dans la forme déterminée
» par l'article 17. »

Chapitre 3 du règlement.

Ouverture, redressement des chemins vicinaux (2).

Art. 19. Tout projet ou toute proposition ayant pour objet l'ouverture d'un nouveau chemin classé dans les limites fixées par l'arrêté, ou re-

---

(1) Remplacée par la loi du 3 mai 1841.

(2) Instruction ministérielle du 24 juin 1836.

1° L'art. 15 ne s'est occupé que des chemins existants, l'art. 16 a pour objet ces chemins à créer, c'est-à-dire l'ouverture d'un chemin qui n'existe pas, et ces redressements, qui ne sont autre chose que l'ouverture sur une moindre étendue.

Il ne sera presque jamais nécessaire d'y avoir recours pour les chemins vicinaux.

Il est bien évident que l'art. 16 de la loi du 31 mai 1836 ne peut jamais trouver son application relativement aux simples chemins vicinaux : le nombre de ces chemins n'est, en général, que trop considérable, et l'administration ferait une chose préjudiciable aux communes et à l'agriculture, si elle autorisait l'ouverture de nouveaux chemins, sauf quelques cas tout-à-fait exceptionnels; quant au redressement des chemins vicinaux, c'est une opération dont les autorités communales s'occupent rarement, et lorsque le besoin s'en fait sentir; il y est pourvu au moyen d'arrangement à l'amiable, le plus souvent par voies d'échanges.

dressement d'un chemin existant, sera préalablement soumis au conseil municipal.

Cette proposition sera justifiée par la production d'un plan indiquant la direction à faire suivre et du devis des travaux à exécuter pour l'établissement du chemin, dressé et rédigé par l'agent-voyer de canton, vérifié par l'agent-voyer d'arrondissement.

Le plan fera connaître l'axe du chemin, les parcelles à occuper, figurées par une teinte jaune. La légende énoncera la contenance de chaque parcelle, leur valeur approximative, les noms, prénoms et domiciles des propriétaires.

Le devis contiendra la description des travaux à effectuer et l'estimation détaillée de la dépense à laquelle leur exécution donnera lieu.

Après l'accomplissement des formalités d'enquête réglées par l'ordonnance royale du 23 août 1835; sur le vu de la délibération du conseil municipal et des pièces justificatives, un arrêté rendu par le Préfet déclarera, s'il y a lieu, l'utilité publique des travaux, et autorisera la commune à acquérir les terrains nécessaires à leur exécution.

L'acquisition des propriétés aura lieu soit par voie amiable, soit par expropriation.

Dans le premier cas, les conditions arrêtées entre le maire et les propriétaires seront communiquées au conseil municipal, et la délibération qui sera prise, accompagnée des pièces justificatives, sera soumise à l'approbation du Préfet.

En cas d'expropriation, il sera procédé conformément aux dispositions de la loi du 3 mai 1841, sauf les modifications résultant de l'art. 16 de la loi du 21 mai 1836, sur le règlement des indemnités (1).

Chapitre 4.
Elargissement des chemins vicinaux.

Art. 20. Lorsqu'il s'agira d'élargir un chemin dans les limites fixées

---

2° S'il fallait renoncer à obtenir par arrangement à l'amiable les terreins qui seraient nécessaires; s'il fallait recourir à des formalités judiciaires, vous trouveriez ces formalités indiquées dans l'art. 16 d'une manière si claire que toute incertitude vous sera impossible.

L'arrêté du Préfet suffit pour autoriser les travaux, et n'a pas besoin d'être précédé d'enquête.

3° Un arrêté du Préfet suffit pour autoriser les travaux d'ouverture et de redressement des chemins vicinaux; cet arrêté remplace la loi ou l'ordonnance royale exigée par les grands travaux par l'art. 1er de la loi de 1833, et il n'a besoin d'être précédé d'aucune enquête. L'existence du chemin, s'il s'agit d'un chemin existant et qui doive seulement être redressé; la délibération du conseil général portant classement du chemin, s'il s'agit d'un chemin à ouvrir: ce sont là des circonstances qui ont paru devoir dispenser de l'enquête préalable. Il faudra seulement que votre arrêté désigne non seulement les localités ou territoires sur lesquels les travaux doivent avoir lieu, mais encore les propriétés particulières auxquelles l'expropriation est applicable.

(1) Ordonnance royale du 23 août 1835.

Art. 2. L'enquête s'ouvrira sur un projet où l'on fera connaître le but de l'entre-

par l'arrêté de classement, l'agent-voyer de canton dressera les plans et devis mentionnés en l'article précédent. Ces pièces seront soumises à l'approbation préfectorale; l'indemnité, s'il y a lieu, sera réglée soit amia-

prise, le tracé des travaux, les dispositions principales des ouvrages et l'appréciation sommaire des dépenses.

Art. 3. Ce projet sera déposé à la mairie pendant quinze jours, pour que chaque habitant puisse en prendre connaissance ; à l'expiration de ce délai, un commissaire désigné par le préfet recevra à la mairie, pendant trois jours consécutifs, les déclarations des habitants sur l'utilité publique des travaux projetés. Les délais ci-dessus prescrits pour le dépôt des pièces à la mairie, et pour la durée de l'enquête, pourront être prolongés par le préfet.

Dans tous les cas, ces délais ne courront qu'à dater de l'avertissement donné par voie de publication et d'affiches.

Il sera justifié de l'accomplissement de cette formalité par un certificat du maire.

Art. 4. Après avoir clos et signé le registre de ces déclarations, le commissaire le transmettra immédiatement au maire, avec son avis motivé et les autres pièces de l'instruction qui auront servi de base à l'enquête.

Si le registre d'enquête contient des déclarations contraires à l'adoption du projet, ou si l'avis du commissaire lui est opposé, le conseil municipal sera appelé à les examiner, et émettra son avis par une délibération motivée, dont le procès-verbal sera joint aux pièces. Dans tous les cas, le maire adressera immédiatement les pièces au sous-préfet, et celui-ci au préfet, avec son avis motivé.

Formalités pour arriver à l'expropriation. — Le préfet doit transmettre au procureur du roi, outre l'ordonnance ou l'arrêté qui prononce l'utilité publique, les pièces constatant l'accomplissement des formalités prescrites par le titre 2 de la loi du 3 mai 1841, et spécialement, le plan parcellaire, le certificat du maire constatant la publication et l'affiche de l'avertissement relatif au dépôt du plan, un exemplaire des journaux contenant cet avertissement, le procès-verbal ouvert par le maire pour recevoir les réclamations des intéressés, le procès-verbal de la commission spéciale, le certificat du secrétaire de la préfecture attestant le dépôt des pièces pendant huitaine, et la décision ministérielle approbative de l'arrêté du préfet qui a définitivement déterminé les propriétés à exproprier — Lorsqu'il s'agit de travaux purement communaux, il ne peut y avoir lieu de produire ni procès-verbal d'une commission spéciale, ni certificat du secrétaire de préfecture.

Les pièces transmises au procureur du roi ne doivent être que des copies certifiées; les minutes restent à la préfecture.

Dans la quinzaine suivante, les propriétaires et autres intéressés sont tenus de déclarer leur acceptation, ou, s'ils n'acceptent pas les offres qui leur sont faites, d'indiquer le montant de leurs prétentions (art. 24 de la même loi).

Le ministre des finances, les préfets, maires ou administrateurs, peuvent accepter les offres d'indemnité pour expropriation des biens appartenant à l'Etat, à la couronne, aux départements, communes ou établissements publics, dans les formes et avec les autorisations prescrites par l'art. 13 (art. 26 de la même loi).

Jurisprudence. — Les offres de l'administration doivent, à peine de nullité de la décision du jury, être notifiées par exploit dûment signifié, 15 jours au moins avant la réunion du jury. — 26 mai 1840. Civ. c.

Le jugement d'expropriation doit, à peine de nullité, contenir les noms des propriétaires expropriés; ainsi est nul le jugement qui, dans le cas d'expropriation en deux communes, se borne à prononcer l'expropriation des terrains désignés dans un arrêté du préfet, sans faire connaître les noms des habitants expropriés. 2 fév. 1836. Civ. c. Houzet. — 4 août 1841. Civ. c. Coniac.

Le jugement désigne suffisamment les propriétaires expropriés lorsque, s'agissant

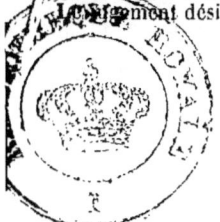

blement, soit par le juge de paix, sur le rapport des experts nommés, l'un par le sous-préfet, l'autre par le propriétaire; en cas de discord le tiers-expert sera nommé par le conseil de préfecture.

de plusieurs frères germains, il ajoute à la dénomination collective des enfants N... qu'il emploie, la mention du numéro de chaque parcelle de terrain exproprié qui leur est propre, et que, d'ailleurs, dans un autre passage du même jugement, chacun des enfants se trouve désigné par ses noms et prénoms. — 22 août 1838. Civ. r. Houzet.

Le jugement doit indiquer la nature et la contenance des terrains pris à chacun d'eux, et l'époque de la prise de possession.

Le jugement (qui prononce l'expropriation ou qui donne acte aux propriétaires de leur consentement) est publié et affiché, par extrait, dans la commune de la situation des biens, de la manière indiquée en l'art. 6. Il est en outre inséré dans l'un des journaux publiés dans l'arrondissement, ou, s'il n'en existe aucun, dans l'un de ceux du département (art 15).

Le jugement ne pourra être attaqué que par la voie du recours en cassation, et seulement pour incompétence, excès de pouvoir ou vices de forme du jugement (art. 20).

Ainsi se trouvent interdits toute opposition ou tierce-opposition, tout appel ou requête civile contre ce jugement qui, soit qu'il ait prononcé l'expropriation, soit qu'il l'ait refusée, ou ne l'ait permise qu'à des conditions autres que celles proposées, ne peut être, sur la demande des propriétaires ou de l'administration, réformé que par la Cour suprême.

La décision du jury et l'ordonnance du magistrat-directeur ne peuvent être attaquées que par la voie du recours en cassation, et seulement pour violation du premier paragraphe de l'art. 30, de l'art. 31, des deuxième et quatrième paragraphes de l'art. 34, et des art. 35, 36, 37, 38, 39 et 40 (art. 42 de la loi).

Il est certain que lorsqu'on ne prend qu'une partie de la cour ou du jardin attenant à une maison, on ne peut être contraint à l'achat de la maison entière.

De même, l'acquisition d'un bâtiment *isolé*, tel qu'une grange, une écurie, n'entraîne pas l'obligation d'acquérir la totalité de la maison, sauf le paiement de la moins value qu'elle éprouve.

Mais quel que soit le peu d'importance de la portion des bâtiments expropriée, relativement au tout, le propriétaire est autorisé par l'art. 50 à exiger l'acquisition de la totalité.

L'art. 18 de la loi du 3 mai 1841, en disposant que les actions réelles prétendues par des tiers sur les biens expropriés ne pourront arrêter la procédure de l'expropriation, ne prive pas les intéressés qui se sont fait connaître en temps utile, de la faculté de réclamer devant le jury la fixation d'une indemnité éventuelle pour le cas où leurs droits seraient ultérieurement reconnus.

Par suite, si l'on réclame devant le jury, à titre de propriétaire, et qu'il soit soutenu que le réclamant n'a qu'un droit de servitude, le jury est tenu de fixer deux indemnités alternatives, l'une pour le cas où le réclamant serait reconnu propriétaire, l'autre pour le cas où il ne lui serait reconnu qu'un droit de servitude, et de renvoyer les parties à se pourvoir au fond. (Arrêt de la cour de cassation du 6 décembre 1842.)

Les conseils municipaux *n'ont pas besoin d'être consultés* à l'occasion des difficultés survenues à la prise de possession d'un terrain compris dans un chemin vicinal légalement classé, l'arrêté de classement rendu par le Préfet ayant pour effet d'attribuer définitivement au chemin le sol contenu dans ses limites, et de résoudre en une indemnité le droit de propriétaire dépossédé. (Décision du conseil d'état du 30 déc. 1841.)

Une expropriation pour cause d'utilité publique, prononcée sans que le propriétaire exproprié ait été légalement averti par la voie des journaux, conformément à l'art. 6 de la loi du 3 mai 1841, est nulle; un avertissement individuel donné au proprié-

Chapitre 5.

Changement de direction des chemins vicinaux.

Art. 21 Toute proposition tendant au changement de direction d'un chemin sera préalablement soumise ou conseil municipal; lorsque ce conseil aura exprimé une opinion favorable, les plans de direction des deux chemins, celui à supprimer et celui à établir seront dressés par l'agent-voyer de canton et vérifiés par l'agent-voyer d'arrondissement.

L'estimation des terreins à échanger sera faite par deux experts nommés conformément à l'article 15 de la loi du 21 mai 1836.

Il sera procédé à une information *de commodo vel incommodo*.

Dans le cas où le projet aurait soulevé des oppositions, les pièces seront de nouveau communiquées au conseil municipal, pour qu'il exprime son opinion; ensuite elles seront adressées au Préfet avec l'avis du sous-préfet, afin qu'il soit statué conformément à l'art. 10 de la loi du 28 juillet 1824.

Art. 22. Lorsqu'un chemin vicinal aura été déclassé, sa direction changée, ou sa largeur restreinte, le sol dudit chemin, ou des portions abandonnées, pourra être vendu au profit de la commune. Les propriétaires riverains seront admis à faire leur soumission, à s'en rendre acquéreurs, et à en payer la valeur qui sera réglée par experts conformément à l'art. 19 de la loi du 21 mai 1836.

taire par l'administration ne dispense pas de la publication, laquelle est ordonnée dans l'intérêt général.

En matière d'ouverture ou de redressement de chemins vicinaux, c'est à peine de nullité que *l'avis du conseil municipal doit accompagner* le procès-verbal qui doit, avant le jugement d'expropriation, être transmis par le maire au sous-préfet, ou au Préfet. (Arrêt de la cour de cassation du 11 mai 1842.) *Cette décision de la cour souveraine est contraire à la jurisprudence du conseil d'état.* (*Voir l'ord. du 30 déc. 1841, qui précède.*)

Circulaire ministérielle du 26 mars 1838.

Les acquisitions de terreins nécessaires aux chemins vicinaux sont réglées par les articles 15 et 16 de la loi du 21 mai 1836.

L'article 15 est relatif à l'élargissement des chemins vicinaux déjà existant, et ici l'arrêté du préfet suffit pour attribuer définitivement au chemin le sol compris dans les limites qu'il détermine. La commune est saisie par le seul fait de cet arrêté, et il n'est évidemment pas nécessaire qu'il intervienne une ordonnance royale pour sanctionner ce que la loi donne au Préfet le droit de faire d'une manière définitive. Le pouvoir royal, en matière d'acquisitions, a été, pour l'espèce, délégué pleinement aux préfets. Il ne reste plus à remplir, vis-à-vis du propriétaire du sol, qu'une simple formalité, le règlement de l'indemnité qui lui est due.

L'article 16 a pour objet des opérations qui ont généralement une grande importance; ce sont l'ouverture d'un nouveau chemin, ou le redressement d'un chemin, ce qui n'est que l'ouverture sur une moins grande échelle. Ici encore un arrêté du préfet remplace la loi ou l'ordonnance qui, d'après le nombre 1 de l'article 2 de la loi du 7 juillet 1833, devait autoriser les travaux. L'arrêté du Préfet désigne également, le d'une manière définitive, les terreins à occuper; il en résulte donc

En cas de prétention égale à l'acquisition de la superficie cessible de la part des propriétaires riverains de deux côtés opposés, il sera procédé entre eux à l'aliénation par voie d'adjudication aux enchères (1).

Ve SÉRIE.

Prestations et centimes additionnels.

ARTICLE 2 DE LA LOI.

« En cas d'insuffisance des ressources ordinaires des communes, il
» sera pourvu à l'entretien des chemins vicinaux à l'aide soit de presta-

---

évidemment qu'il n'est pas nécessaire qu'il intervienne une ordonnance royale pour autoriser la commune à acquérir des terrains que le Préfet a souverainement déclaré devoir servir à l'ouverture ou au redressement. Il ne reste plus à remplir que les formalités d'expropriation réglées par les lois combinées de 1833 et 1836.

Ainsi donc, je le répète, Monsieur le Préfet, en matière d'acquisitions de terrains pour le service vicinal, l'ordonnance royale est inutile, quelle que soit la valeur de ces terrains, parce que l'arrêté du Préfet a statué définitivement.

(1) *Jurisprudence.* — Lorsqu'il est nécessaire de recourir à une expertise pour fixer l'indemnité due au propriétaire dépossédé, en exécution de la loi du 21 mai 1836, et que celui-ci refuse de nommer son expert, c'est au juge de paix et non au Préfet qu'il appartient de faire d'office cette nomination. (Ordonnance royale du 30 décembre 1841.

Les coutumes réputaient les seigneurs propriétaires des chemins vicinaux. Mais, depuis la loi du 15 août 1790, art. 1er, le régime féodal et la justice seigneuriale étant abolis, nul ne peut, à l'un ou l'autre de ces titres, prétendre aucun droit de propriété sur les chemins publics. Le Code civil dispose, art. 538, que les chemins sont considérés comme dépendances du domaine public; mais il a été jugé qu'un chemin vicinal n'est point, dans le sens de l'art. 538, une dépendance du domaine public, mais la propriété de la commune pour les communications de laquelle ce chemin est nécessaire. (Jugement de la cour royale de Metz, du 30 thermidor an 13. Voir, au surplus, les décrets des 11 août 1808, 14 avril, 22 août 1813, la loi du 28 juillet 1834, et celle du 21 mai 1836.)

Il suffit que les propriétaires riverains d'un chemin vicinal aient un droit de vue, d'issue et de sortie, pour que la partie intermédiaire ne puisse être affermée par la commune, encore bien que la largeur légale du chemin soit conservée, et que toute liberté de sortie, même en voiture, soit réservée aux riverains (Code civil, 538, décision du conseil d'état du 25 avril 1833.)

L'arrêté par lequel un préfet autorise, par voie d'échange ou d'expropriation pour cause d'utilité publique, la réunion à un chemin vicinal d'un terrain dont la valeur n'excède pas 3,000 fr., ne peut être déféré directement au conseil d'état. Il doit être attaqué d'abord devant le ministre de l'intérieur, sauf à se pourvoir ensuite au conseil d'état contre la décision de ce dernier. (Ord. 27 sept. 1829)

L'arrêté par lequel un préfet, statuant en conseil de préfecture, aux termes de la loi du 28 juill. 1824, a autorisé l'échange d'un chemin vicinal, est un acte administratif qui n'est pas susceptible d'être déféré au conseil d'état par la voie contentieuse. (Ord. 10 août 1828; 11 nov. 1830.)

Il ne peut préjudicier aux droits des tiers, ni faire obstacle à ce que le réclamant, étranger à l'échange, fasse valoir devant les tribunaux, s'il s'y croit fondé,

» tions en nature, dont le maximum est fixé à trois journées de travail,
» soit decentimes spéciaux en addition au principal des quatre contri-
» butions directes, et dont le maximum est fixé à cinq.
» Le conseil municipal pourra voter l'une ou l'autre de ces ressources,
» ou toutes les deux concurremment.
» Le concours des plus imposés ne sera pas nécessaire dans les délibé-
» rations prises pour l'exécution du présent article. »

Article 3.

« Tout habitant, chef de famille ou d'établissement, à titre de proprié-
» taire, de régisseur, de fermier ou de colon partiaire, porté au rôle
» des contributions directes, pourra être appelé à fournir chaque année
» une prestation de trois jours,
» 1° Pour sa personne et pour chaque individu mâle, valide, âgé
» de dix-huit ans au moins et de soixante ans au plus, membre ou servi-
» teur de la famille et résidant dans la commune;
» 2° Pour chacune des charrettes ou voitures attelées, et en outre pour
» chacune des bêtes de somme, de trait, de selle, au service de la famille
» ou de l'établissement dans la commune. »

Article 4.

« La prestation sera appréciée en argent, conformément à la valeur qui
» aura été attribuée annuellement pour la commune à chaque espèce
» de journée par le conseil général, sur les propositions des conseils d'ar-
» rondissement.
» La prestation pourra être acquittée en nature ou en argent, au gré
» du contribuable; toutes les fois que le contribuable n'aura pas opté
» dans les délais prescrits, la prestation sera de droit exigible en argent.
» La prestation non rachetée en argent pourra être convertie en tâ-
» ches, d'après les bases et évaluations de travaux préalablement fixés
» par le conseil municipal. »

Article 5.

« Si le conseil municipal, mis en demeure, n'a pas voté, dans la
» session désignée à cet effet, les prestations et centimes nécessaires, ou si

les droits de sortie et de vue qu'il prétend avoir sur l'ancien chemin. (Ord. 11 nov 1830).

Les préfets ont le droit d'ordonner des mesures provisoires, soit pour le rétablissement, soit pour le maintien d'un chemin vicinal dont la propriété est contestée, lorsque les besoins de l'agriculture et la liberté de la circulation commandent le sacrifice de la possession. (2 févr. 1825 Ord. cons. d'état.)

Le juge de paix peut recevoir l'action possessoire, soit des communes, soit des particuliers, pour un chemin non classé. Il le peut encore dans le cas de classement, mais alors il doit s'abstenir de rien prescrire qui contrarie l'exécution de l'arrêté administratif.

C'est pour cela qu'il lui est interdit d'ordonner la réintégrande d'un particulier dans la possession d'un terrain considéré comme chemin. (Ord. 18 juill. 1821; 22 janv. 1824; 7 juin 1826.) (Arrêt de la cour de cassation du 18 avril 1838.)

» la commune n'en a pas fait emploi dans les délais prescrits, le
» Préfet pourra, d'office, soit imposer la commune dans les limites du
» maximum, soit faire exécuter les travaux.

» Chaque année, le Préfet communiquera au Conseil général l'état
» des impositions établies d'office en vertu du présent article. »

Article 6.

« Lorsqu'un chemin vicinal intéressera plusieurs communes, le Préfet,
» sur l'avis des conseils municipaux, désignera les communes qui
» devront concourir à sa construction ou à son entretien, et fixera la
» proportion dans laquelle chacune d'elles y contribuera. »

TITRE III.
De la réparation des chemins. — Voies et moyens.

Chapitre 1er.
Visite des chemins, vote des ressources affectées au service vicinal.

Art. 23. Au mois de mars de chaque année l'agent-voyer de canton, accompagné du maire ou d'un conseiller municipal délégué par ce fonctionnaire, visitera les chemins vicinaux des communes de sa circonscription, afin d'apprécier l'importance des travaux à faire exécuter pendant l'exercice suivant pour leur mise en état de viabilité.

Art. 24. Le rapport de l'agent-voyer de canton sera communiqué au conseil municipal dans sa session ordinaire du mois de mai, pour le mettre à portée de voter le montant et la répartition des ressources affectées à la construction et à l'entretien des chemins.

La délibération qui sera prise énoncera la portion des ressources à appliquer aux chemins de grande communication, suivant la répartition opérée par le Préfet et celle applicable aux chemins vicinaux ordinaires; elle contiendra la désignation des chemins vicinaux ordinaires auxquels les ressources seront affectées, elle indiquera le nom des propriétaires ou entrepreneurs desquels il y aura lieu de réclamer des subventions, pour dégradation habituelle ou temporaire des chemins vicinaux par suite d'exploitations industrielles ou entreprises, enfin la même délibération contiendra le tarif de la conversion en tâches de journées de prestation (1).

---

(1) Les Préfets ont le droit d'inscrire d'office au budget des communes les dépenses nécessitées par le service des chemins vicinaux.
Cette inscription a lieu en vertu de la loi du 18 juillet 1837.
Il doit y être procédé par le Préfet en conseil de préfecture ou par ordonnance du Roi, comme le veut l'article 39 de la même loi.
Enfin, ce même article 39 a posé la règle à laquelle les préfets doivent se conformer, quant à la fixation de la quotité des dépenses.
Elle sera inscrite pour sa quotité moyenne pendant les trois dernières années ; s'il s'agit d'une dépense annuelle et fixe de sa nature, ou d'une dépense extraordinaire, elle sera inscrite pour sa quotité réelle. (Décision de M. le Ministre de l'intérieur du 30 avril 1839.)

Art. 25. Lorsque le conseil municipal mis en demeure, conformément aux dispositions de l'instruction ministérielle du 24 juin 1836, n'aura pas voté ou n'aura voté que des ressources insuffisantes pour subvenir à l'acquittement du contingent communal affecté à la construction, réparation ou entretien des chemins de grande communication, et aux réparations à faire aux chemins vicinaux d'après le chiffre de la dépense constatée par le procès-verbal de visite de l'agent-voyer cantonal, le Préfet pourra imposer d'office la commune dans les limites du maximum, jusqu'à concurrence de la quotité des centimes et des journées de prestation nécessaires (1).

Chapitre 2.

Des prestations en nature.

Art. 26. Un état-matrice de tous les contribuables tenus à la prestation sera rédigé dans toutes les communes, par les soins du maire et des répartiteurs, assistés du contrôleur des contributions directes.

Art. 27. Cet état, qui sera disposé pour servir pendant trois années, devra être révisé tous les ans, dans les mêmes formes.

---

(1) Instruction ministérielle du 24 juin 1836.

La loi du 21 mai 1836 a rendu l'entretien et la réparation des chemins vicinaux obligatoires, tellement qu'elle a prévu le moyen de vaincre l'inertie ou le refus des conseils municipaux. La dépense est donc devenue obligatoire aussi; dès lors les cinq centimes qui peuvent y être annuellement affectés ont réellement perdu le caractère de contribution extraordinaire. Il devenait donc superflu d'appeler les plus imposés à délibérer sur le vote de ces centimes; il y aurait même eu contradiction à maintenir la nécessité de leur concours, alors que l'autorité supérieure était investie du droit d'imposer d'office la contribution que le conseil municipal et les plus imposés auraient refusée.

Je n'ai pas besoin, je pense, de vous dire que les votes des conseils municipaux, soit pour les journées de prestation jusqu'au maximum de trois, soit pour les centimes additionnels jusqu'au maximum de cinq, sont exécutoires sur la seule approbation du Préfet. Cela résulte de l'art. 5 de la loi du 28 juillet 1824, dont les dispositions n'ont pas été changées à cet égard.

Vous comprendrez aussi que l'art. 6 de la même loi reste également en vigueur; seulement, comme il s'agirait alors du vote de véritables contributions extraordinaires, le concours des plus imposés serait nécessaire.

L'application de l'article dont nous nous occupons est facile, quelque compliquée que puisse paraître sa rédaction, lorsqu'on a bien saisi l'esprit dans lequel il a été conçu.

Quant aux charrettes et voitures, la loi ne permet de les imposer que si elles sont attelées, et par cette expression on doit entendre celles qui sont réellement et effectivement employées au service de la famille ou de l'établissement. Celles qui ne seraient jamais ou presque jamais employées, qui ne seraient enfin qu'un meuble mis en réserve, ne peuvent pas être imposées.

Une distinction analogue doit être faite pour les bêtes de somme, de trait ou de selle. Pour être imposables, il faut qu'elles servent au possesseur, ou pour son usage personnel, ou pour celui de sa famille, ou pour l'exploitation de son établissement, soit agricole, soit industriel.

Il comprendra tous les habitants chefs de famille ou d'établissement, à titre de propriétaire, de régisseur, de fermier ou de colon partiaire, portés au rôle des contributions directes. Il indiquera, en regard du nom de chaque contribuable et dans les colonnes séparées :

1° Le nombre des membres ou serviteurs de la famille, mâles, valides, âgés de 18 ans au moins et de 60 ans au plus, résidant dans la commune ;

2° Le nombre et l'espèce des charrettes ou voitures attelées, celui des bêtes de somme, de trait, de selle, au service de la famille ou de l'établissement dans la commune ;

3° Seront également inscrits sur cet état-matrice les individus qui auraient dans ladite commune, quoique n'y résidant pas, une exploitation rurale ou industrielle, dirigée en leur nom, soit par un de leurs fils, soit par un agent particulier, et l'on indiquera aussi le nombre des préposés et serviteurs, bêtes de somme, de trait, de selle, charrettes et voitures, dépendant de cette exploitation.

Toutefois, les propriétaires ou locataires de ces exploitations, qui résideraient hors de la commune, ne devront pas pour leur personne la prestation en nature (1).

---

(1) INSTRUCTION MINISTÉRIELLE DU 24 JUIN 1836.

En résumé,

1° La prestation en nature est due pour sa personne, par tout habitant de la commune, qu'il soit célibataire ou marié, ou quelle que soit sa profession, si d'ailleurs il est porté au rôle des contributions directes, mâle, valide, et âgé de dix-huit ans au moins et soixante ans au plus.

2° La prestation en nature est due par tout habitant de la commune, qu'il soit célibataire ou marié, s'il est porté au rôle des contributions directes, mâle, valide, âgé de dix-huit ans au moins et de soixante ans au plus, chef de famille ou d'établissement, à titre de propriétaire, de régisseur, de fermier ou de colon partiaire. Dans ce cas il doit la prestation pour sa personne d'abord, puisqu'il réunit toutes les conditions nécessaires; il la doit en outre pour chaque individu mâle, valide, âgé de dix-huit ans au moins et de soixante ans au plus, , membre ou serviteur de la famille, et résidant dans la commune; il la doit encore pour chaque charrette ou voiture attelée, et pour chaque bête de somme, de trait ou de selle, au service de la famille ou de l'établissement dans la commune.

3° La prestation en nature est due par tout individu, même non porté nominativement au rôle des contributions directes de la commune, même âgé de moins de dix-huit ans et de plus de soixante ans, même invalide, même du sexe féminin, même enfin n'habitant pas la commune, si cet individu est chef d'une famille qui habite la commune, ou si, à titre de propriétaire, de régisseur, de fermier ou de colon partiaire, il est chef d'une exploitation agricole ou d'un établissement situé dans la commune Dans ce cas, toutefois il ne devra pas la prestation pour sa personne, puisqu'il n'est pas dans les conditions voulues par la loi; mais il la devra pour tout ce qui, personnes ou choses, dans les limites de la loi, dépend de l'établissement dont il est propriétaire, ou qu'il gère, à quelque titre que ce soit.

Le mot *habitant* a été d'abord l'objet de quelque hésitation.

Pour résoudre cette difficulté, il faut d'abord remarquer que le législateur a évité d'employer le mot de *domicile*, parce qu'il aurait pu être la cause de difficultés, en raison de la différence qui peut exister entre le domicile de fait ou réel, et le domicile légal ou de droit. On s'est servi à dessein du mot *habitation*, parce que l'habitation est la principale cause qui rend imposable à la prestation en nature ;

Art. 28. Les états-matrices seront, immédiatement après leur rédaction ou leur révision, transmis au directeur des contributions directes, qui, après les avoir additionnés et récapitulés, procédera à la confection du rôle et des avertissements.

c'est là ce qui constitue en premier ordre l'intérêt au bon état des chemins, et l'obligation de contribuer à leur entretien. Lors donc qu'un propriétaire a plusieurs résidences qu'il habite alternativement, et qu'il s'agit de reconnaître dans laquelle il doit être imposé à la prestation en nature pour sa personne, il faut rechercher quelle est celle des résidences où il a son principal établissement, et qu'il habite le plus long-temps; c'est là qu'il devra être imposé.

L'âge et l'état d'invalidité sont les seuls motifs d'exemption pour cette nature de contribution. Il en est une autre cependant qui a été constamment appliquée et qui doit continuer de l'être : c'est celle qui résulte de l'état d'indigence Elle est, au surplus, comprise ici implicitement; car, aux termes de l'art. 12 de la loi du 21 avril 1832, les indigents sont exempts de toute cotisation. Dès-lors, n'étant pas portés au rôle des contributions directes, ils ne peuvent être imposés à la prestation en nature.

Instruction de M. le Ministre de l'intérieur du 2 août 1837.

Pour rester dans l'esprit de la loi et rendre le travail d'application des tarifs facile, tant aux commissaires répartiteurs qu'aux agents des contributions directes, il conviendrait de se borner aux cinq divisions suivantes :

1º Journées d'hommes; 2º journées de chevaux; 3º journées de bœufs, mulets ou ânes (tarifées au même prix), 4º journées de voitures à deux roues; 5º journées de voitures à quatre roues, conducteur compris.

La journée du conducteur n'est pas une charge additionnelle ; la nécessité de la fournir n'est que la conséquence de l'imposition elle-même.

L'obligation des contribuables est clairement établie par l'article de la loi, en ce qui concerne la prestation qu'ils veulent fournir en nature; ils doivent fournir le conducteur nécessaire pour utiliser les chevaux et voitures.

Mais lorsque le contribuable veut acquitter sa cote en argent, on ne doit plus comprendre dans cette cote la valeur de la journée du conducteur.

JURISPRUDENCE.

En conduisant une voiture ou des bêtes de somme à un atelier de travaux de chemins vicinaux, un contribuable s'acquitte de la prestation en nature qui a pu lui être imposée pour sa personne, en vertu de l'article 3 de la loi du 21 mai 1836. (Décision de M. le Ministre de l'intérieur du 21 octobre 1836.

(*Prestation, Domicile.*) Il suffit qu'un particulier réside quelques mois de l'année dans une commune où il a des propriétés, pour qu'il soit réputé *chef d'établissement* dans le sens de la loi de 1836, et assujéti à la prestation en nature, pour sa personne, les chevaux, les voitures et les domestiques qu'il amène avec lui, bien qu'il justifie de son domicile à Paris. (Décision du conseil d'état du 8 juin 1842.)

(*Prestation, Ecclésiastique*) L'ecclésiastique n'est pas exempt, en raison de sa qualité, de la prestation en nature. (Décision du conseil d'état du 30 déc. 1841.)

Les prestations en nature se prescrivent par le défaut d'exécution ou de mise en demeure de se libérer pendant le laps de temps fixé par l'arrêté préfectoral pour leur emploi, et non par le laps de trois ans comme en matière de contributions directes. (L. 21 mai 1836, art. 21.— Ord. cons. d'état, 20 janv. 1843)

Vous me demandez de vous faire connaître si l'administration, s'appuyant sur la décision des tribunaux qui admettent la taxe des prestations en nature pour chemins vicinaux, dans le cens électoral, doit prescrire de compter ladite taxe, afin d'élever les contribuables au rang des plus imposés pour voter une imposition extraordinaire.

Ces avertissements contiendront les mêmes détails que l'article du rôle, et, en outre, la mention que le contribuable devra déclarer dans le mois, s'il entend se libérer en nature ou en argent.

Art. 29. Les rôles seront soumis à l'approbation du Préfet dans le courant d'octobre; et, dès qu'ils auront été rendus exécutoires, ils seront envoyés dans les communes avec les avertissements, pour y être publiés dans la même forme que ceux des contributions directes.

Art. 30. Les rôles seront publiés le 5 novembre de l'année qui précédera l'exercice, ainsi qu'il est dit à l'art. 53.

Art. 31. Après que le maire aura fait cette publication et l'aura certifiée, il se concertera avec le percepteur-receveur municipal, afin que ce comptable puisse faire, promptement et sans frais, parvenir les avertissements aux contribuables, par l'entremise du garde-champêtre.

Art. 32. Aux termes de l'article 4 de la loi du 21 mai 1836, la prestation pouvant être acquittée en nature ou en argent, tout contribuable imposé au rôle de prestation devra, dans le mois de la publication de ces rôles, déclarer s'il entend se libérer en argent ou en nature; faute par lui de faire sa déclaration dans ce délai, sa prestation sera de droit exigible en argent.

Art. 33. Ces déclarations seront reçues par le maire ou par l'adjoint, s'il est délégué à cet effet, et elles seront consignées sur un registre que le contribuable sera invité à signer dans la colonne d'émargement ; ce registre sera clos à l'expiration du mois, et transmis immédiatement au percepteur-receveur municipal, qui annotera lesdites déclarations sur le rôle, en regard du nom du contribuable, dans la colonne à ce destinée.

Le maire et l'agent-voyer collationneront ces états d'après le rôle, avant de les remettre au percepteur-receveur municipal.

Art. 34. Le percepteur-receveur municipal devra former un relevé de son rôle en deux parties; la première partie comprendra pour chaque contribuable, nominativement, les journées de prestations d'hommes, de charrois et d'animaux, que ce contribuable aura déclaré vouloir acquit-

---

Il est évident, Monsieur le Préfet, que l'art. 42 précité ne peut être interprété de cette manière. Cet article dit que les plus imposés *aux rôles de la commune* doivent être appelés, etc.

Qu'entend-t-on *par rôles de la commune*, si ce n'est le rôle des quatre contributions directes? Les impositions extraordinaires votées par les communes, pour leurs dépenses tant ordinaires qu'extraordinaires, n'étant établies que par addition au principal des quatre contributions directes, il résulte de là que les seuls individus qui doivent être admis à voter ces impositions sont ceux qu'elles atteignent.

Ce sont là l'esprit et le sens aussi bien que la lettre de la loi. Elle a voulu que les contribuables que l'imposition affecterait le plus particulièrement fussent entendus et pussent exercer le droit de repousser une surcharge d'impôt, dans le cas où il ne leur semblerait pas que la dépense, en vue de laquelle cette surcharge serait établie, procurât à la commune des avantages suffisants pour compenser les sacrifices qu'elle exigerait.

Les prestations en nature formant un rôle séparé de ceux sur lesquels frappent les impositions, ne sauraient être comptées pour élever un contribuable au rang des plus imposés. (Lettre de M. le Ministre de l'intérieur du 25 nov. 1842.)

ter en nature; la seconde sera seulement le total des cotes qui seront exigibles en argent, soit parce que les contribuables auront préféré ce mode de libération, soit parce qu'à défaut de déclaration d'option dans le délai voulu, les cotes seront devenues exigibles en argent. Cet état, dans la quinzaine qui suivra le délai d'option, sera remis à l'agent-voyer cantonnal pour dresser le devis ou l'état des travaux à exécuter.

Le percepteur-receveur municipal adressera au Préfet ou au sous-préfet un résumé de leurs relevés, indiquant par commune le nombre de journées en nature de chaque espèce et le montant en argent des centimes ou des prestations converties en argent.

Art. 35. Les décharges des contribuables qui seraient accordées par le conseil de préfecture, pour erreur dans les rôles, conformément aux instructions, seront imputées, autant que possible, sur le produit brut des prestations de l'année converti en argent.

Art. 36. Le recouvrement des prestations exigibles en argent sera poursuivi comme en matière de contributions directes.

Art. 37. Les demandes en dégrèvement seront produites dans les trois mois de la publication desdits rôles; elles pourront être présentées sur papier libre, et seront instruites et jugées comme celles relatives aux contributions directes, sans que les réclamants puissent se dispenser d'acquitter provisoirement leurs cotes.

Cette disposition est applicable aux recouvrements à opérer, soit en argent, soit en nature, sur les rôles de prestation. Toutefois, il pourra, dans ce dernier cas, et lorsqu'il s'agira de circonstances graves, être sursis provisoirement à toutes poursuites, si elles devaient s'appliquer à des chefs de famille voisins de l'indigence.

L'ordre écrit de surseoir sera délivré par le sous-préfet de l'arrondissement et transmis par le maire au percepteur-receveur municipal.

VI° SÉRIE.

Chemins de grande Communication.

Article 7 de la loi.

« Les chemins vicinaux peuvent, selon leur importance, être déclarés
» chemins vicinaux de grande communication par le conseil général, sur
» l'avis des conseils municipaux, des conseils d'arrondissement, et sur la
» proposition du Préfet.
» Sur les mêmes avis et proposition, le conseil général détermine la
» direction de chaque chemin vicinal de grande communication, et désigne
» les communes qui doivent contribuer à sa construction ou à son entre-
» tien.
» Le Préfet fixe la largeur et les limites du chemin, et détermine an-

» nuellement la proportion dans laquelle chaque commune doit con-
» courir à l'entretien de la ligne vicinale dont elle dépend ; il statue sur
» les offres faites par les particuliers, associations de particuliers ou de
» communes.

Article 8.

« Les chemins vicinaux de grande communication, et, dans les cas
» extraordinaires, les autres chemins vicinaux, pourront recevoir des sub-
» ventions sur les fonds départementaux.

» Il sera pourvu à ces subventions au moyen des centimes facultatifs
» ordinaires du département, et de centimes spéciaux votés annuellement
» par le conseil général.

» La distribution des subventions sera faite, en ayant égard aux
» ressources, aux sacrifices et aux besoins des communes, par le Préfet,
» qui en rendra compte chaque année au conseil général.

» Les communes acquitteront la portion des dépenses mises à leur
» charge, au moyen de leurs revenus ordinaires, et, en cas d'insuffisance,
» au moyen de deux journées de prestation sur les trois journées autori-
» sées par l'article 2, et des deux tiers des centimes votés par le conseil
» municipal, en vertu du même article.

Article 9.

« Les chemins vicinaux de grande communication sont placés sous l'au-
» torité du Préfet. Les dispositions des articles 4 et 5 de la présente loi
» leur sont applicables.

Article 12.

« Le maximun des centimes spéciaux qui pourront être votés par
» les conseils généraux, en vertu de la présente loi, sera déterminé an-
» nuellement par la loi des finances. »

Chapitre 3.

Dispositions spéciales aux chemins vicinaux de grande communication (1).

Art. 38. Chaque année, dans les premiers jours d'avril au plus tard,
l'agent-voyer en chef remettra au Préfet un rapport détaillé sur l'état et

---

(1) L'arrêté réglementaire du 29 oct. 1843 ne contient aucune disposition sur le classement des chemins de grande communication, ces dispositions étant claire-ment exposées dans la loi même; on conçoit d'ailleurs que l'autorité préfectorale dont les obligations vi-à-vis le conseil général sont parfaitement définies, n'avait pas à ce sujet de prescriptions à se faire à elle-même.
Voici sur cette partie les principales dispositions DE L'INSTRUCTION MINISTÉ-RIELLE DU 24 JUIN 1836.

les besoins de chaque ligne de grande communication, et sur les dépenses qu'il sera nécessaire d'y faire dans l'année suivante.

Ces chemins sont appelés *chemins vicinaux de grande communication*, mais ils ne changent pas de caractère.

Les chemins vicinaux de grande communication sont désignés par le conseil général.

Il était juste de lui confier cette mission : il ne s'agit pas, en effet, d'un acte d'administration, de créer, par exemple, une classe de chemins; il s'agit seulement de désigner ceux qui par leur importance peuvent intéresser le département, ou au moins des portions du département; il s'agit de reconnaître une cause de dépenses nouvelles pour le département: c'est donc bien le conseil général qui devait ici prononcer le classement. Vous aurez soin, Monsieur le Préfet, d'affecter à chacun des chemins vicinaux de grande communication de votre département un numéro d'ordre sous lequel vous le désignerez dans votre correspondance et dans vos pièces de comptabilité.

La direction de chaque chemin vicinal de grande communication est indiquée par le conseil général.

Et cela devait être; car ce n'est que le complément de la déclaration de classement. Un chemin n'a d'existence positive que lorsque l'acte qui le classe détermine qu'il va de tel endroit à tel endroit, en passant par tel autre.

Les communes qui doivent concourir à la construction ou à l'entretien sont désignées par le conseil général.

C'est sur la proposition du Préfet que le conseil général exerce ces différentes attributions.

Le législateur a formellement réservé le droit d'initiative au Préfet, parce que l'administration peut seule recueillir tous les documents nécessaires pour éclairer les délibérations du conseil général.

Les propositions du Préfet doivent être accompagnées des avis des conseils municipaux et d'arrondissement.

Les avis des conseils municipaux, sans être obligatoires pour vous, Monsieur le Préfet, devront toujours être pris en mûre considération.

La loi du 21 mai 1836 a réglé d'une manière claire et précise les formes à suivre pour le classement des chemins vicinaux de grande communication; elle est restée muette sur le déclassement de ces chemins, et pourtant ce déclassement peut quelquefois être nécessaire.

Si donc il y avait lieu, vous proposeriez le déclassement dans les mêmes formes que vous auriez proposé le classement, et le conseil général prononcerait sur votre proposition. S'il la sanctionne, le chemin sera légalement dépouillé de la qualité de chemin *de grande communication*, et il reviendra un simple chemin vicinal auquel seront applicables les seules dispositions de la section première de la loi.

Il y a surtout lieu de déclasser lorsque des offres faites par des communes ou des particuliers ne se réalisent pas.

Le Préfet fixe la largeur et les limites des chemins de grande communication.

Il est important d'obtenir la cession gratuite des terrains nécessaires à l'élargissement. — Dans aucun cas l'achat des terrains ne doit avoir lieu sur les fonds départementaux.

Les chemins vicinaux de grande communication peuvent recevoir des subventions sur les fonds départementaux.

Les subventions ne peuvent être employées que sur les chemins vicinaux déclarés de *grande communication*. — Les cas exceptionnels doivent être soumis préalablement au Ministre.

Le conseil général vote l'ensemble du crédit applicable aux subventions.

La répartition du crédit est faite par le Préfet.

Art. 39. Le chiffre de la dépense ainsi connu, le Préfet fixera, par un arrêté, la proportion dans laquelle chaque commune devra concourir à la ligne dont elle dépend.

Art. 40. Le contingent attribué à chaque commune sera inscrit dans la formule de délibération. Cette formule sera adressée au maire pour mettre le conseil municipal à portée de voter les ressources autorisées par la loi, ainsi qu'il est dit à l'article 24 précédent (1).

Art. 41. La portion en argent des ressources communales affectée aux chemins vicinaux de grande communication, et le produit des souscriptions volontaires, seront centralisés à la caisse du receveur général, et formeront un crédit spécial à chaque ligne (2).

Quant aux bases de la répartition que vous avez à faire entre les lignes vicinales, elles se trouvent dans les termes mêmes de la loi: *en ayant égard aux ressources, aux sacrifices et aux besoins des communes.*

La proportion du concours des communes est déterminée par le Préfet.

Les chemins de grande communication sont placés sous l'autorité immédiate du Préfet, parce qu'ils s'étendent sous de grandes communes.

L'emploi des ressources affectées aux chemins vicinaux de grande communication ne doit pas être fait absolument par commune.

Cette interprétation ne serait pas seulement une erreur, elle serait le renversement complet du système créé par la seconde section de la loi.

Les ressources applicables à ces chemins doivent être au contraire centralisées par ligne vicinale.

Les prestations en nature doivent être employées sur le point de la ligne où elles peuvent être le plus utiles. — Il y a avantage à employer les prestations le plus près possible de la commune qui les fournit.

Qu'aux termes du troisième paragraphe de l'art. 8, vous devrez rendre au conseil général pour justifier la distribution des subventions prises sur le fonds départemental mis à votre disposition.

Ce compte doit embrasser toutes les ressources affectées à chaque ligne vicinale.

(1) S'il y avait négligence ou refus, il faudrait, avant de frapper une imposition d'office, mettre le conseil municipal en demeure, c'est-à-dire l'inviter spécialement à voter les ressources nécessaires à la réparation des chemins vicinaux ordinaires. Pour les chemins vicinaux de grande communication, vous avez déjà pris, avant la session de mai, la décision portant fixation du contingent, et la mise en demeure du conseil municipal résulte pleinement de cette décision.

Il est un petit nombre de départements, Monsieur le Préfet, où aucune ligne vicinale n'est déclarée de grande communication, si, au préalable, les communes intéressées, aidées souvent par le concours d'associations de particuliers, ne se sont engagées d'une manière formelle à pourvoir dans une forte proportion, les trois quarts, par exemple, aux dépenses de restauration et d'entretien de la ligne dont il s'agit. Ici, les formes à suivre pour la fixation des contingents des communes se trouvent grandement simplifiées, ou plutôt les communes, dans le bon esprit qui les anime, ont devancé l'injonction de la loi, et leur contingent se trouve fixé par l'offre des conseils municipaux régulièrement acceptée. (Circulaire de M. le Ministre de l'intér. du 24 décembre 1836.)

(2) Lorsque des travaux indispensables exigent qu'il soit ajouté, par des contributions extraordinaires, au montant des prestations et des centimes, il y est pourvu conformément aux lois par des ordonnances; le concours des plus imposés est alors nécessaire. Voir les lois des 15 mai 1813, art. 39 et 41, du 28 juillet 1824 et 21 mai 1836, art. 22,; mais il faut établir que les deux ressources votées, prestations et centimes additionnels, sont insuffisantes (Circulaire de M. le Ministre de l'intérieur, du 8 septembre 1836.)

VIIe SÉRIE.

Contingents de l'État.

ARTICLE 13 DE LA LOI.

« Les propriétés de l'état, productives de revenus, contribueront aux dépenses des chemins vicinaux, dans les mêmes proportions que les propriétés privées, et d'après un rôle spécial dressé par le Préfet.
» Les propriétés de la couronne contribueront aux mêmes dépenses, conformément à l'article 13 de la loi du 2 mars 1832. »

CHAPITRE 4.

Contributions particulières et subventions spéciales.

SECTION 1re.

Propriétés de l'état.

Art. 42. Dans les communes où se trouvent des propriétés de l'état productives de revenus, et si ces propriétés ne sont pas déjà classées pour mémoire dans la matrice ou état de sections, les répartiteurs, assistés des contrôleurs des contributions directes, rédigeront une matrice particulière dans laquelle elles seront évaluées, dans la même proportion que les autres propriétés de la commune, comme s'il s'agissait de les cotiser à la contribution foncière.

Un emprunt destiné à pourvoir aux frais de construction d'un chemin vicinal de grande communication devra toujours être conclu, non pas au nom d'une commune isolée, mais collectivement au nom d'un nombre plus ou moins considérable de communes, de celles enfin qui sont attachées à la grande ligne vicinale. En un mot, toutes les communes qui, par application de l'article 7 de la loi du 21 mai 1836, auront été régulièrement désignées pour contribuer à la construction d'une même ligne vicinale, devront nécessairement, aussi, intervenir, dans tout emprunt qui serait conclu à l'effet de hâter les travaux de ladite ligne, et elles seront toujours tenues de concourir, dans une certaine proportion, au remboursement de cet emprunt. Il n'y a donc aucun inconvénient à ce que des emprunts communaux ayant ce caractère spécial, soient autorisés de la même manière que les emprunts ordinaires, et à ce qu'il soit inséré, dans les votes qui les autoriseront, une disposition ayant pour objet de fixer la proportion suivant laquelle chacune des communes intéressées contribuera au remboursement.

Il est donc indispensable, en principe, que le remboursement de ces emprunts soit stipulé, *d'abord*, soit sur les revenus communaux soit sur le produit des centimes additionnels extraordinaires à voter par les conseils municipaux dans la forme ordinaire, soit sur les contingents que les communes peuvent être appelées à fournir annuellement pour la ligne vicinale dont elles dépendent, contingents qu'elles devraient, dans ce cas, prendre, à l'avance, l'engagement de fournir en argent.

(Circulaire du Ministre de l'intér. du 3 juin 1841.)

Les évaluations seront, dans tous les cas, communiquées par la direction des contributions aux agents de l'administration forestière ou des domaines, qui présenteront telles observations qu'ils jugeront convenables. Le directeur adressera au Préfet son rapport motivé, ensuite duquel le Préfet arrêtera les bases de cotisation.

Ces bases serviront tous les ans à régler la cote des propriétés de l'état, non seulement dans les impositions communales établies par le conseil municipal pour les chemins vicinaux, mais encore dans les centimes départementaux qui auront été votés pour le même objet par le conseil général.

Les cotisations seront inscrites à la fin du rôle général, au nom du domaine de l'état (1).

Art. 43. Si des réclamations s'élèvent contre la cotisation des propriétés de l'état, soit de la part des communes, soit de la part desdits agents, elles seront portées, comme les réclamations ordinaires, devant le conseil de préfecture.

VIIIe SÉRIE.

Dégradations extraordinaires. — Subventions particulières.

ARTICLE 14 DE LA LOI.

« Toutes les fois qu'un chemin vicinal, entretenu à l'état de viabilité
» par une commune, sera habituellement ou temporairement dégradé
» par des exploitations de mines, de carrières, de forêts ou de toute en-
» treprise industrielle appartenant à des particuliers, à des établissements
» publics, à la couronne ou à l'état, il pourra y avoir lieu à imposer aux
» entrepreneurs ou propriétaires, suivant que l'exploitation ou les trans-
» ports auront eu lieu pour les uns ou pour les autres, des subventions
» spéciales dont la quotité sera proportionnée à la dégradation extra-
» ordinaire qui devra être attribuée aux exploitations.

» Ces subventions pourront, au choix des subventionnaires, être ac-
» quittées en argent ou en prestations en nature, et seront exclusivement
» affectées à ceux des chemins qui y auront donné lieu.

---

(1) M. le Ministre des finances a reconnu qu'il était facile de faire pour les propriétés de l'État ce qui se fait depuis 1832 pour les propriétés de la couronne, c'est-à-dire de rédiger pour ces propriétés une matrice particulière dans laquelle elles seraient évaluées dans la même proportion que les autres propriétés de la commune. Cette matrice, qui serait rédigée par les répartiteurs, assistés du contrôleur des contributions directes, servirait de base pour régler chaque année la cote des propriétés de l'État, dans les impositions communales ou départementales établies pour le service des chemins vicinaux. Par une conséquence naturelle, les réclamations qui s'élèveraient contre ou à l'occasion de ces cotisations seraient jugées comme les autres réclamations en matière de contributions directes. (Circulaire de M. le Ministre de l'intér. du 2 septembre 1836.)

» Elles seront réglées annuellement, sur la demande des communes,
» par les conseils de préfecture; après des expertises contradictoires, et
» recouvrées comme en matière de contributions directes.
» Les experts seront nommés suivant le mode déterminé par l'article
» 17 ci-après.
» Ces subventions pourront aussi être déterminées par abonnement;
» elles seront réglées, dans ce cas, par le Préfet en conseil de préfecture.

SECTION 2 DU RÈGLEMENT.

Subventions pour dégradations habituelles ou temporaires des chemins vicinaux.

Art. 44. Lorsqu'il s'agira de faire contribuer, par des subventions spéciales, temporaires ou permanentes, suivant les cas, les propriétaires ou entrepreneurs de toute exploitation industrielle mentionnée dans l'art. 14 de la loi du 21 mai 1836, à la réparation d'un ou plusieurs chemins d'une commune, dégradés par l'effet desdites exploitations, le maire fera préalablement reconnaître et constater, contradictoirement avec les parties intéressées, l'état de viabilité du chemin.

Cette reconnaissance devra être faite au commencement de chaque année, s'il s'agit d'une exploitation permanente, et au commencement de l'exploitation, s'il s'agit d'une exploitation temporaire.

A défaut de reconnaissance amiable, l'état du chemin sera constaté par des experts nommés dans la forme prescrite par l'art. 17 de la loi du 21 mai 1836.

Dans tous les cas il sera dressé un procès-verbal en double de l'opération, lequel sera dûment signé de toutes les parties qui y auront concouru.

L'exploitant sera invité à désigner les chemins qu'il devra pratiquer. Dans le cas où il croirait devoir se servir de tout autre, il sera censé avoir reconnu le bon état de viabilité des chemins dont il se sera servi.

Art. 45. Si l'exploitation ou les transports se font pour le compte du propriétaire, la subvention sera demandée au propriétaire; elle le sera à l'entrepreneur ou au fermier, toutes les fois que l'exploitation ou les transports se feront pour le compte de celui-ci.

Art. 46. Lorsqu'une exploitation de forêts ou de bois sera divisée en lots et adjugée à divers adjudicataires, la commune devra s'adresser au propriétaire pour en obtenir la subvention qui pourra lui être due.

Art. 47 A la fin de l'exploitation, si cette exploitation est temporaire, et à la fin de l'année, si l'exploitation est permanente, deux experts seront, à la diligence du maire, nommés, l'un par le sous-préfet, et l'autre par le propriétaire ou entrepreneur; et, en cas de non désignation de la part de ce dernier, dans le délai d'un mois, à partir de la sommation qui lui en aura été faite, il y sera pourvu par le conseil de préfecture.

Ces experts, après avoir prêté serment, constateront l'étendue des dégradations commises sur les chemins par l'effet desdites exploitations, et procéderont à l'évaluation des subventions spéciales auxquelles la commune pourra prétendre. Ils prendront pour base de leur appréciation le procès-verbal mentionné au dernier § de l'art. 46 (1).

S'il y a discord entr'eux, un tiers-expert sera désigné par le conseil de préfecture.

Toutes les pièces seront ensuite soumises au même conseil, qui réglera la subvention due à la commune.

Art. 48 Le règlement des subventions aura lieu annuellement, et sans pouvoir, en aucun cas, s'étendre à plusieurs années.

Art. 49. Il sera procédé au recouvrement desdites subventions comme en matière de contributions directes. Une copie de la décision du conseil de préfecture sera remise au percepteur, pour servir de titre à ses poursuites.

Art. 50. Les propriétaires ou entrepreneurs d'exploitations qui seraient de nature à dégrader les chemins, pourront demander et obtenir de souscrire un abonnement envers la commune, à la charge de se soumettre, en cas de non exécution de leurs engagements, à toutes poursuites administratives usitées pour le recouvrement des contributions publiques.

---

(1) Les dégradations commises aux chemins vicinaux par l'exploitation d'une carrière, soumettent ceux qui l'exploitent à la subvention déterminée par l'art. 14 de la loi du 21 mai 1836, encore bien que cette exploitation soit faite par des entrepreneurs de travaux publics, pour en appliquer les produits à l'exécution de leur entreprise

Les experts nommés pour arrêter les bases de la subvention à laquelle peut donner lieu la dégradation des chemins vicinaux, sont tenus de prêter serment à peine de nullité de l'expertise, laquelle doit, en cas pareil, être renouvelée. (Décision du Conseil d'état du 9 janvier 1843.)

La subvention spéciale à laquelle est soumis un propriétaire en raison des dégradations commises aux chemins vicinaux par l'exploitation de ses biens, doit être réglée d'après le dommage causé pendant l'année de la demande de subvention formée par la commune, et non d'après le dommage calculé sur la moyenne des trois années précédentes. (Ordonnance conseil d'état 10 décembre 1840.)

Jugé, même sous la loi de 1824, que bien qu'une forêt pour l'exploitation de laquelle le propriétaire est obligé de passer sur le chemin d'une commune, soit située en dehors du territoire de cette commune, ce particulier peut cependant être tenu envers celle-ci à une subvention réglée par expertise contradictoire, dans le cas où il contribuerait à la dégradation du chemin; et on opposerait en vain que les chemins sont à la charge unique des communes dans l'enclave desquelles ils se trouvent. (29 juin 1832. Ord. conseil d'état.)

Jugé encore que, de ce qu'un établissement industriel aurait son siège sur le territoire d'une commune autre que celle qui réclame une indemnité pour la dégradation de ces chemins causée par l'exploitation de l'usine, le propriétaire ou l'entrepreneur de cette usine ne peut se soustraire à la subvention autorisée en faveur des communes par l'art. 7. de la loi du 28 juillet 1824, sous le prétexte que cet article ne comprend pas toutes les communes dont les chemins sont parcourus par des fabricants industriels, mais uniquement celle ou est situé le siège de l'établissement. (28 oct. 1831. Ord. cons. d'état.)

Le rapport des experts n'est qu'un renseignement qui ne lie pas le conseil de préfecture, libre de rejeter ses conclusions (Ord. cons. d'état. 17 janvier 1828.)

On peut se pourvoir devant le conseil d'état contre la décision du conseil de préfecture. (Ordonnance 20 juillet 1832.)

Ces abonnements seront réglés par le Préfet en conseil de préfecture, après que les conseils municipaux auront été entendus.

Art. 51. Les propriétaires et entrepreneurs à qui des subventions ont été imposées, pourront, à leur choix, les fournir, soit en argent, soit en prestations en nature, suivant le mode établi dans la commune pour l'acquittement de celles-ci. Cette option devra être faite dans un délai de quinze jours, à partir de la notification qui leur sera donnée de la décision du conseil de préfecture, laquelle notification devra contenir invitation aux subventionnaires de déclarer leur option dans ledit délai, faute de quoi la subvention sera de droit exigible en argent.

Art. 52. Les subventions exigées en vertu de l'art. 14 de la loi du 21 mai 1836, auront une destination spéciale, et seront exclusivement affectées à ceux des chemins qui y auront donné lieu.

IXe SÉRIE.

Travaux par prestations.

Extraits de la loi.

« Art. 21. Ce règlement (préfectoral) fixera les époques auxquelles les
» prestations en nature devront être faites, le mode de leur emploi. »

« Art. 5. Si la commune n'a pas fait emploi dans les délais prescrits,
» le Préfet pourra d'office faire exécuter les travaux. »

TITRE IV du règlement.

De l'exécution des travaux.

Chapitre 1er.

Emploi des prestations.

Art. 53. Le 5 de novembre de l'année qui précédera l'exercice, conformément aux dispositions de l'instruction ministérielle du 15 juin 1838, le maire publiera le rôle des prestations en nature; les contribuables seront prévenus qu'ils devront, dans le délai d'un mois, à compter de la publication, faire à la mairie leur déclaration d'option.

A l'expiration de ce délai, le relevé des déclarations, après avoir été vérifié ainsi qu'il est dit à l'art. 33, sera adressé au percepteur-receveur municipal, qui, dans les dix jours suivants, fera parvenir à MM. les sous-préfets et à la préfecture un état indiquant le montant des prestations à acquitter en nature et en argent.

Plus tard, et aussitôt qu'ils seront en mesure de pouvoir le faire, ils feront connaître à MM. les sous-préfets le montant des centimes additionnels de l'exercice et le reliquat des exercices antérieurs.

Art. 54. Le devis sommaire des travaux à faire pour l'emploi des prestations sera rédigé par l'agent-voyer du canton; il sera visé par le maire, vérifié par l'agent-voyer d'arrondissement, et approuvé par le sous-préfet ou par le préfet.

Art. 55. Lorsque, en exécution du 3e § de l'art. 4 de la loi du 21 mai 1836, un conseil municipal aura arrêté des bases pour la conversion des journées en tâches et que la délibération aura été approuvée par nous, cette décision sera obligatoire pour tous les prestataires qui auront déclaré opter pour l'acquittement de leurs cotes en nature.

Une décision sera prise par nous en ce qui concerne les chemins vicinaux de grande communication.

Art. 56. Dix jours avant l'ouverture des travaux, le maire fera publier et afficher à la porte de la mairie l'annonce que les travaux de prestation en nature vont commencer dans la commune; ce fonctionnaire fera notifier en même temps par le garde-champêtre, à chacun des contribuables tenu à la prestation, un avis écrit portant réquisition de se trouver au jour, à l'heure et sur le chemin désigné pour y faire les travaux qui lui seront indiqués dans l'avertissement en acquittement de sa cote.

Ledit avis spécifiera la nature des tâches imposées au contribuable et le délai dans lequel chacun devra effectuer les travaux mis à sa charge; ce délai ne pourra pas excéder huit jours.

Les prestataires seront tenus de se munir de tous les instruments et ustensiles nécessaires pour l'exécution des travaux qui leur seront imposés.

Art. 57. Les maires et agents-voyers exigeront l'entier acquittement des prestations en nature ou des tâches; toutes les heures du travail seront employées; les parties de la journée ou les fractions de la tâche qui n'auraient pas été employées seront distraites, appréciées, et, par suite, exigibles en argent; le percepteur-receveur municipal ne pourra émarger les cotes comme acquittées que lorsqu'il aura été constaté que le prestataire s'est régulièrement libéré (1).

---

(1) Il y a encore quelques abus dans la conversion des journées de travail en tâches abandonnée, comme elle l'est à présent, à l'arbitraire des conseils municipaux. Quelques uns, en petit nombre à la vérité, n'ont pas eu honte de réduire les prestations au tiers de leur valeur. Le conseil se réunit à M. le Préfet, pour demander de nouveau que, par une disposition législative qui ne saurait être trop tôt présentée aux chambres, la conversion de journées en tâches, au lieu d'être opérée sans contrôle par les conseils municipaux, soit attribuée au Préfet, qui aurait le droit d'établir annuellement, sur l'avis des conseils municipaux et d'arrondissement, après l'avoir soumis à la sanction du conseil général, un tarif de conversion dressé par arrondissement et par canton. (Délibération du conseil général de l'Eure, 28 août 1843.)

La prestation en nature forme partout la plus considérable des ressources affectées, par la loi du 21 mai 1836, à l'entretien des chemins vicinaux; il est beaucoup de départements où elle entre dans ces ressources pour les deux tiers et même les trois quarts. Le bon emploi de la prestation en nature importe donc beaucoup à l'a-

Le percepteur-receveur municipal devra se conformer, pour les émargements qu'il doit opérer sur les rôles, au procès-verbal de réception des travaux de prestation approuvé.

Art. 58. Les travaux de prestation en nature seront exécutés du 1er janvier au 30 juin, terme de rigueur, mais le jour d'ouverture et le délai dans lequel les travaux devront être effectués seront fixés, par le Préfet, sur la proposition du sous-préfet qui prendra préalablement l'avis du maire et celui de l'agent-voyer d'arrondissement (1).

mélioration des communications vicinales, et, après l'organisation d'un personnel assez nombreux pour que les prestations ne soient pas laissées sans surveillance et sans direction, la mesure la plus efficace sans doute, c'est la conversion du travail *en journées* en travail *à la tâche*. Cette conversion est d'ailleurs aussi avantageuse aux prestataires qu'elle l'est au service vicinal; car si son application permet d'obtenir du travail des prestataires ce que l'administration a droit d'en attendre, elle leur donne par compensation la possibilité d'accomplir leurs tâches dans leurs moments de loisir. (Circulaire de M. le Ministre de l'intérieur du 12 août 1839.)

(1) EXTRAITS DE L'INSTRUCTION MINISTÉRIELLE DU 24 JUIN 1836. — L'emploi des ressources communales ne peut, sous peine de responsabilité du Préfet, avoir lieu que sur les chemins légalement reconnus.

Il convient que l'imposition d'office ne porte pas seulement sur les centimes.

Dans le cas où le conseil municipal aurait voté des prestations et des centimes et où il n'en serait pas fait emploi,

Vous agiriez d'une manière analogue à ce qui vous a été dit plus haut (impositions d'office). Vous mettriez par un arrêté la commune en demeure de faire faire, dans un certain délai, les travaux pour lesquels il a été voté soit des centimes, soit des prestations. Le délai par vous fixé étant expiré, vous déclareriez les prestations exigibles en argent ; vous feriez faire les travaux à prix d'argent, et vous les solderiez avec le montant soit des centimes votés, soit des prestations recouvrées en argent.

Lorsqu'un chemin intéresse plusieurs communes, elles doivent concourir à son entretien

Si une commune prétend qu'elle ne doit pas supporter seule la charge de la réparation d'un chemin situé sur son territoire, elle devra vous le faire connaître et vous désigner les communes qu'elle regarde comme devant concourir avec elle à ces travaux. Vous ferez alors délibérer les conseils municipaux de ces communes; vous pèserez mûrement les objections qu'ils pourront opposer à la demande ; vous recueillerez tous les renseignements propres à bien éclairer votre décision, et, d'après le résultat de toutes ces recherches, vous statuerez par un arrêté motivé sur le degré d'intérêt de chacune des communes à l'entretien du chemin litigieux. Ce degré d'intérêt devra être exprimé, non par un chiffre absolu en francs, mais par un chiffre proportionnel, comme $1/10^e$, $1/5^e$, etc., afin que la même base puisse être appliquée tous les ans tant qu'il ne sera pas nécessaire d'y apporter de changements.

Les plus imposés ne sont plus appelés à délibérer sur le cas de concours, et le préfet statue sans l'assistance du conseil de préfecture.

Si une commune refusait le concours légalement demandé, il y aurait lieu à l'application de l'article 5.

Si, lorsque vous aurez prononcé sur la quote-part de chaque commune, l'une d'elles refusait de se soumettre à votre décision, ce serait le cas, Monsieur le Préfet, de recourir aux mesures autorisées par l'article 5 de la loi Il y a en effet ici parfaite analogie, et c'est ce que vous aurez déjà reconnu.

Le concours peut être exigé pour la construction comme pour la réparation.

Xe SÉRIE.

Travaux.

Extraits de la loi.

Art. 21. — « Ce règlement (préfectoral) statuera sur tout ce qui est
» relatif à la comptabilité, aux adjudications, etc., etc. »

Art. 20. — « Les plans, procès-verbaux, certificats, significations,
» jugements, contrats, marchés, adjudications de travaux, quittances et
» autres actes ayant pour objet exclusif la construction, l'entretien et la
» réparation des chemins vicinaux, seront enregistrés moyennant le droit
» fixe de un franc.

» Les actions civiles intentées par les communes ou dirigées contre elle
» relativement à leurs chemins, seront jugées comme affaires sommaires
» et urgentes, conformément à l'article 405 du code de procédure civile. »

Chapitre 2 du règlement.

Travaux à faire à prix d'argent.

Art. 59. Quelle que soit l'importance des ressources en argent, avant l'exécution des travaux auxquels elles pourront être appliquées, il sera rédigé un devis ou état de travaux par l'agent-voyer d'arrondissement, pour les chemins vicinaux de grande communication, et pour les chemins vicinaux ordinaires, par l'agent-voyer cantonnal : ce devis sera visé par le maire, vérifié par l'agent-voyer d'arrondissement, et approuvé par le sous-préfet ou le Préfet.

Le devis ou état de travaux concernant même les chemins vicinaux, lorsqu'il s'agira d'ouvrage d'art, devra en outre être soumis à l'examen de l'agent-voyer en chef.

Les ouvrages d'art, tels que pavage, construction de ponceaux en pierre ou charpente, établissement d'aqueducs, etc., donneront lieu à des projets et devis distincts.

Art. 60. Les devis devront contenir toutes les prescriptions relatives au confectionnement des chaussées, règlement des accotements, à l'établissement des pentes, de manière à assurer le libre écoulement des eaux, à l'ouverture des fossés, partout où ils seront jugés utiles.

Art. 61. Les fossés existants ou à ouvrir le long des chemins, pour faciliter l'écoulement des eaux, seront curés et entretenus au moyen des ressources affectées à la réparation des chemins.

Art. 62. Les travaux sur les chemins vicinaux de grande communication seront toujours exécutés par voie d'adjudication publique, à moins de circonstances exceptionnelles qui rendraient ce mode désavantageux ou impraticable.

Art. 63. Il en sera de même pour les travaux des chemins vicinaux ordinaires lorsque les ressources communales consisteront en argent.

Toutefois, sur la demande du maire, lorsque la somme n'excèdera pas 300 francs, le sous-préfet pourra autoriser des travaux prévus au devis, par voie de régie.

Art 64. Les agents-voyers surveilleront avec exactitude les travaux qui s'effectueront par entreprise ou par voie de régie; il leur est enjoint de ne procéder à leur réception que lorsqu'ils pourront constater la régularité la plus complète dans leur exécution.

Chapitre 3.

Des Cantonniers.

Art. 65. Les conseils municipaux feront connaître, lors du vote des ressources applicables à la réparation des chemins, la somme qu'ils croiront convenable de réserver pour être affectée au traitement d'un cantonnier.

Dans les communes dont les ressources sont trop restreintes, les conseils municipaux pourront limiter le temps pendant lequel un cantonnier sera employé dans la commune ; les maires des communes limitrophes se concerteront entre eux pour désigner à l'administration l'ouvrier qu'il conviendra de charger des fonctions de cantonnier.

Art. 66. Les devis des travaux à faire indiqueront les sommes à réserver, afin d'assurer le traitement du cantonnier pendant le nombre de mois fixé par le conseil municipal; il pourra travailler alternativement pendant un mois, dix ou quinze jours, dans chaque commune, suivant qu'il sera jugé nécessaire.

Art. 67. Les cantonniers seront nommés par les sous-préfets; ils pourront être révoqués par ces magistrats, sur la proposition des maires et le rapport des agents-voyers.

Pour être nommé cantonnier, il faut justifier :

1° D'une demande écrite et signée par le candidat, afin de prouver qu'il est en état de suivre, dans tous ses détails, le travail de l'acquittement des prestations et des tâches, et d'attester la libération totale ou partielle des contribuables;

2° D'un certificat d'aptitude délivré par l'agent-voyer cantonal et visé par l'agent-voyer d'arrondissement, attestant que le candidat est en état de bien exécuter les travaux de terrassement d'une part, et en général tous ceux concernant l'entretien des chemins;

3° D'un certificat du maire de la commune de sa résidence, constatant l'âge et la moralité du postulant, et en outre qu'il n'est atteint d'aucune infirmité qui puisse s'opposer à un travail journalier et assidu.

Art. 68. Les cantonniers ont pour mission de prévenir les dégradations en effectuant en temps utile les petites réparations nécessaires; ils comblent les excavations, et forcent ainsi les eaux à abandonner le sol des chemins.

Ils dirigent et surveillent les travaux exécutés par prestation, et lorsqu'il s'agit d'élagages à faire exécuter d'office, le cantonnier doit suivre cette opération, autant pour conserver les intérêts des propriétaires que pour assurer la régularité des travaux.

CHAPITRE 4.

Adjudication des travaux.

Art. 69. Les adjudications de travaux pour la construction, la réparation et l'entretien des chemins vicinaux de grande communication, auront lieu dans les formes suivantes (1) :

1° Elles seront annoncées, au moins un mois à l'avance, par des affiches placardées tant au chef-lieu que dans les principales communes de l'arrondissement;

2° Les affiches indiqueront sommairement les conditions, le jour et l'heure auxquels il y sera procédé, le mode adopté pour l'adjudication et le lieu où devra, le cas échéant, se faire le dépôt des soumissions de ceux qui voudront concourir;

---

(1) Les travaux de construction des chemins vicinaux de grande communication ont essentiellement le caractère des travaux publics.

En conséquence, c'est à l'autorité administrative qu'il appartient exclusivement de prononcer sur les actions en indemnité, provoquées par la confection de ces travaux. (Décision du conseil d'état du 29 juin 1842.) — *Il existe des décisions contraires de la cour de cassation.*

Si des travaux pour le chemin vicinal avaient été autorisés et adjugés dans la forme administrative, et reconnus d'une utilité générale, la contestation entre la commune et l'entrepreneur serait de la compétence du conseil de préfecture. (13 juill. 1825. Ord. conseil d'état.)

En matière d'expropriation des terrains nécessaires à l'ouverture ou au redressement des chemins vicinaux, l'indemnité doit être payée préalablement à la prise de possession; c'est un principe consacré par la loi des 7 juillet 1833 (3 mai 1841). Mais il n'en est pas de même en matière d'élargissement des chemins vicinaux, aux termes de l'art. 15 de la loi du 21 mai 1836; les arrêtés des préfets portant reconnaissance et fixation de la largeur d'un chemin vicinal, attribuent définitivement au chemin le sol compris dans les limites qu'ils déterminent, et le droit des propriétaires riverains se résout en une indemnité qui est réglée, soit à l'amiable, soit par le juge de paix du canton, sur un rapport d'experts.

Le propriétaire dont une portion de terrain a été prise pour l'élargissement d'un chemin vicinal, n'a point de recours à exercer contre les agents-voyers qui ont dirigé les travaux, mais doit présenter dans les formes tracées par l'art. 15 de la loi du 21 mai 1836, une demande en règlement d'indemnité ;

Par suite, la demande afin d'être autorisé à poursuivre civilement les agents-voyers, n'est point recevable, ceux-ci n'ayant fait qu'exécuter les ordres de l'administration supérieure, en procédant à l'élargissement d'un sentier (Ord. conseil d'état 15 juin 1841. — Arrêt de la cour de Douai du 24 juillet 1838.)

5° Les plans et devis ainsi que le cahier des charges de l'adjudication préalablement approuvés par le Préfet, seront déposés au secrétariat de la sous-préfecture, où le public sera admis à en prendre connaissance.

Art. 70. Les travaux seront divisés, dans toute adjudication, par lignes vicinales, chaque ligne formant un ou plusieurs lots, suivant leur importance.

A moins d'impossibilité absolue, l'adjudication aura lieu par voie de soumissions cachetées.

Art. 71. L'adjudication sera faite soit au chef-lieu du département, par le Préfet, soit au chef-lieu de l'arrondissement, par le sous-préfet ; elle aura lieu en présence d'un membre du conseil général et d'un membre du conseil d'arrondissement, avec adjonction, dans le premier cas, de l'agent-voyer en chef, et dans le deuxième cas, de l'agent-voyer de l'arrondissement intéressé. Les adjudications de travaux des chemins vicinaux ordinaires auront lieu à la mairie, conformément à l'art. 16 de la loi du 18 juillet 1837, et à la sous-préfecture, lorsque les maires le demanderont.

Art. 72. Les procès-verbaux d'adjudication seront rédigés sur papier timbré; les adjudicataires paieront les frais de timbre et de l'enregistrement de ces procès-verbaux, devis, cahier de charges et les frais d'expédition sur papier timbré des pièces sus désignées, dont il leur sera fait remise, ainsi que ceux d'affiches et autres publications, s'il y a lieu.

Il est formellement défendu de rien exiger au-delà.

XIe SÉRIE.

Occupations de terrains pour extraction de matériaux.

Art. 17 de la loi.

« Les extractions de matériaux, les dépôts ou enlèvements de terre,
» les occupations temporaires de terrains, seront autorisés par arrêté
» du Préfet, lequel désignera les lieux; cet arrêté sera notifié aux
» parties intéressées, au moins dix jours avant que son exécution
» puisse être commencée.
» Si l'indemnité ne peut être fixée à l'amiable, elle sera réglée par
» le conseil de préfecture, sur le rapport d'experts nommés, l'un par
» le sous-préfet et l'autre par le propriétaire.
» En cas de discord, le tiers-experts sera nommé par le conseil de préfecture. »

Article 18.

« L'action en indemnité des propriétaires pour les terrains qui auront
» servi à la confection des chemins vicinaux, et pour extraction de matériaux, sera prescrite par le laps de deux ans. »

Chapitre 5 du règlement.

De l'extraction des matériaux employés à la réparation des chemins vicinaux. Occupations temporaires de terreins, etc.

Art. 73. Les devis ou états de travaux établis en vertu du présent règlement pour la réparation des chemins, comprendront un état indiquant les lieux où devra avoir lieu l'extraction des matériaux nécessaires auxdites réparations.

Art. 74. Les matériaux seront extraits de préférence sur les propriétés communales.

Art. 75. Dans le cas où les propriétés communales n'offriraient aucunes ressources de cette nature, les extractions auront lieu sur les propriétés particulières non fermées de murs et autres clôtures équivalentes, suivant l'usage. Les agents-voyers devront désigner celles où l'exploitation causera le moins de dommages.

Ils s'abstiendront, autant que possible, de proposer les lieux plantés de bois.

Art. 76. S'il est reconnu nécessaire de comprendre dans ces indications ou d'occuper temporairement des terreins appartenant à des forêts royales ou à des propriétés domaniales, il en sera donné avis à M. le conservateur des forêts ou à M. le directeur des domaines, afin qu'ils adressent au Préfet leurs observations, s'il y a lieu.

Art. 77. L'arrêté qui sera pris par le Préfet pour autoriser l'extraction des matériaux, l'occupation temporaire des terreins, les dépôts ou enlèvements de terre, sera, dix jours au moins avant sa mise à exécution, notifié administrativement aux propriétaires, locataires ou fermiers desdits terreins, à la diligence du maire de la commune, avec invitation de faire connaître leurs experts dans le délai de dix jours, faute de quoi il sera pourvu d'office à la nomination des deux experts par le sous-préfet.

L'approbation des devis ou états de travaux par l'autorité supérieure tiendra lieu de l'arrêté précité.

L'indemnité qui sera due sera fixée après que les travaux auront été terminés, et, pour la sûreté du paiement de cette indemnité, le cahier des charges prescrira les retenues de garanties convenables, lesquelles cesseront à l'expiration de deux années, à partir du règlement indiqué à l'article ci-après.

Art. 78. A défaut de convention amiable sur la quotité de l'indemnité, il sera statué par le conseil de préfecture, sur le rapport d'experts nommés, l'un par le sous-préfet, l'autre par les propriétaires, fermiers ou locataires.

En cas de discord, le tiers-expert sera nommé par le même conseil.

Art. 79. Les indemnités, ainsi réglées contradictoirement, seront payées aux propriétaires et autres ayant droit, sur le certificat des agents-voyers visé par le maire, s'il s'agit de simples chemins vicinaux, ou par le Préfet, s'il s'agit de chemins vicinaux de grande communication.

L'action en indemnité pour les causes énoncées aux articles précédents sera prescrite par le laps de deux ans, conformément à l'article 18 de la loi du 21 mai 1836.

Art. 80. Les agents-voyers ne feront aucune désignation de carrières à ouvrir à moins de quinze mètres des chemins, défense sera faite aux entrepreneurs de pousser leurs fouilles à de moindres distances.

Les maires, adjoints, agents-voyers et gardes-champêtres verbaliseront contre ceux qui contreviendraient à cette défense.

Art. 81. Il est formellement interdit aux entrepreneurs d'employer les matériaux qu'ils auront extraits sur les propriétés communales ou particulières à des travaux et sur des lieux autres que ceux désignés dans l'arrêté qui aura autorisé l'extraction.

Art. 82. Les cailloux ne pourront être ramassés à la surface des terres labourables nonobstant la désignation qui en aura été faite, du moment où celles-ci auront été ensemencées ou auront reçu le dernier labour.

XIIe SÉRIE.

Comptabilité.

Extraits de la loi.

« Art. 21. Le règlement (préfectoral) statuera sur tout ce qui est re-
» latif à la confection des rôles, à la comptabilité, etc. »

Chapitre 6 du règlement.

De la comptabilité et de la justification des dépenses.

Art. 83. Le montant des rôles de prestation, évalué en argent, celui des centimes spéciaux ou extraordinaires, les fonds provenant de souscriptions de particuliers et d'associations de particuliers, seront inscrits dans deux chapitres spéciaux, en recettes et dépenses, au budget de l'exercice, et il sera rendu compte de l'emploi des fonds selon les formes déterminées par les lois et règlements concernant la comptabilité communale. (1)

Art. 84. Les dépenses seront spéciales ; en conséquence, il ne pourra, sous aucun prétexte, être rien distrait des ressources réalisées pour les appliquer à d'autres besoins.

---

(1) Vous devrez, Monsieur le Préfet, donner des instructions pour autoriser les percepteurs à retenir sur les sommes provenant des impositions communales

Art. 85. La réception des travaux exécutés, soit par voie d'entreprise, soit par voie de régie, sera constatée, lorsqu'il s'agira de chemins vicinaux ordinaires, par un procès-verbal de l'agent-voyer du canton, assisté du maire ou de son délégué, et pour les chemins vicinaux de grande communication, par l'agent-voyer d'arrondissement, assisté d'un agent-voyer cantonnal, ou en présence de l'agent-voyer en chef.

Ce procès-verbal, en ce qui concerne les chemins vicinaux ordinaires, après avoir été visé par le maire, sera soumis à l'approbation du sous-préfet, lorsque la dépense n'excèdera pas 1,500 fr.; au-dessus de cette somme il sera soumis à notre approbation.

Les percepteurs-receveurs municipaux exigeront, conformément à l'instruction de M. le Ministre de l'intérieur, du 11 février 1840, que les mandats de solde d'entreprise ou salaire, délivrés par les maires, soient appuyés de ce procès-verbal de réception.

Art. 86. Les entrepreneurs de travaux ayant pour objet la réparation des chemins, seront payés par le receveur municipal sur mandats délivrés par le maire, à l'appui desquels devront être jointes les pièces ci-après :

1° Si les travaux ont été confiés à un adjudicataire, une expédition du procès-verbal de l'adjudication, ou de l'acte portant acceptation de la soumission ; une copie authentique du devis, et le procès-verbal de réception définitive, rédigé par l'agent-voyer, visé par le maire et approuvé par le Préfet, et suivi du certificat de paiement délivré par l'agent-voyer ;

2° Si les travaux s'exécutent par régie, l'état des travaux ou le devis approuvé, un mémoire détaillé des fournitures en journées ou un certificat de réception visé par le maire et approuvé par l'autorité supérieure, suivi du certificat de paiement délivré par l'agent-voyer.

Art. 87. Lorsque les conditions du marché d'un entrepreneur, ainsi que l'importance des travaux dont il sera chargé, exigeront qu'il soit successivement délivré à son profit plusieurs mandats d'à-compte, il devra être joint au premier de ces mandats, indépendamment du certificat de paiement délivré par l'agent-voyer cantonnal, constatant la situation des travaux, et visé par le maire, une expédition de l'acte en vertu duquel ils s'exécutent.

Le montant de ces divers mandats d'à-compte ne pourra excéder les quatre cinquièmes de la dépense totale, l'autre cinquième demeurera en réserve jusqu'à la réception définitive des travaux.

Le procès-verbal de cette réception sera joint au mandat de solde.

Art. 88. Il est fait exception à cette règle, relativement aux dépenses inférieures à cinquante francs, concernant les simples réparations que les maires sont autorisés à ordonner d'office, mais qui doivent toujours être

---

pour chemins vicinaux, le montant de leurs remises évaluées à 3 pour 0/0 du produit des recouvrements. Cette dépense, comme celle des prestations, sera rattachée à la comptabilité communale, dans les écritures des receveurs, et leur sera allouée, à ce titre, dans leurs comptes, sans qu'il soit besoin d'un crédit spécial aux budgets. (Circulaire ministérielle du 10 janvier 1837.)

prévues dans l'état ou devis dressés par l'agent-voyer cantonnal, et en ce qui concerne le paiement du salaire du cantonnier.

Ces dépenses seront acquittées sur le mandat desdits fonctionnaires, appuyé d'un état des travaux, dans le premier cas, et du certificat de paiement de l'agent-voyer cantonnal.

Art. 89. Les dépenses relatives aux chemins vicinaux de grande communication seront acquittées sur les mandats du Préfet, dans le lieu le plus rapproché de la résidence de l'entrepreneur.

Les productions à faire par ledit entrepreneur seront, pour le premier mandat, 1° un extrait du procès-verbal d'adjudication ; 2° un certificat de l'agent-voyer, établissant le montant des travaux exécutés ; les à-comptes déjà payés, s'il y a lieu, et le nouvel à-compte à délivrer.

Au mandat de solde devra être joint le procès-verbal de jugé parfait et de réception des travaux approuvé par le Préfet.

XIIIe SÉRIE.

Police.

Extraits de la loi.

« Art. 21. Ce règlement (préfectoral) statuera sur tout ce qui est
» relatif aux alignements, etc. »

« Art. 22. — Toutes les dispositions de lois antérieures demeurent
» abrogées en ce qu'elles auraient de contraire à la présente loi. »

TITRE V du règlement.

Conservation des chemins.

Chapitre 1er.

Élagage des plantations bornant les chemins vicinaux.

Art. 90. Tous les ans, au mois de novembre, les maires publieront dans leurs communes respectives un arrêté de police municipale pour enjoindre aux riverains des chemins d'élaguer leurs haies et autres plantations, et de couper les branches qui avanceront sur les chemins. Cette opération devra être terminée le 5 janvier au plus tard; passé ce délai les maires y feront procéder d'office, aux dépens des propriétaires en retard, et sans préjudice des poursuites judiciaires relatives à la contravention.

Les agents-voyers surveilleront l'opération des élagages des haies et plantations, prendront toutes les mesures nécessaires pour prévenir ou faire réprimer les contraventions.

Après l'exécution de ce travail, un rôle de journées, rédigé par l'agent-voyer de canton, sera remis au maire pour être vérifié et certifié.

Le règlement des frais sera fait conformément à l'article 63 de la loi du 18 juillet 1837, et le rôle rendu exécutoire par le Sous-Préfet, les percepteurs seront chargés d'en opérer le recouvrement (1).

Chapitre 2.

Plantations, fossés, excavations.

Art. 91. Tous les arbres existant sur le sol des chemins seront immédiatement abattus et enlevés, soit qu'ils appartiennent aux communes, soit qu'ils appartiennent aux particuliers ; dans ce dernier cas, si après le délai fixé, l'abattage et l'enlèvement n'ont pas eu lieu, il y sera pourvu d'office et sans indemnité.

Les frais seront prélevés sur le produit de la coupe, qui sera versé dans la caisse municipale et tenu à la disposition du propriétaire (2).

---

(1) Article 63 de la loi du 18 juillet 1837.

« Toutes les recettes municipales, pour lesquelles les lois et règlements n'ont pas
» prescrit un mode spécial de recouvrement, s'effectuent sur des états dressés par
» le maire. Ces états sont exécutoires après qu'ils ont été visés par le sous-préfet. »

Des règlements de frais d'élagages ont donc eu lieu par les juges de paix, les exécutoires ont été adressés aux receveurs de l'enregistrement, mais les poursuites dirigées contre les contrevenants ont soulevé des oppositions; était-ce bien aux receveurs de l'enregistrement, chargés du recouvrement des amendes et des frais en matière de voirie, à poursuivre l'exécution d'un rôle de journées d'ouvriers dressé par le maire, ce rôle n'aurait-il pas dû être remis au percepteur? Mais alors le juge de paix avait-il qualité pour rendre exécutoire un rôle dont le montant, pour être recouvré par le percepteur, doit avoir pour objet une dépense communale ou une contribution? (Lettre de M. le Préfet de l'Eure du 15 avril 1840.)

Au résumé, l'administration ne peut que persister dans l'opinion que les receveurs de l'enregistrement doivent rester étrangers aux recouvrements de cette nature.(Décision de l'administration de l'enregistrement et des domaines du 30 déc 1840.)

Je pense qu'il y a lieu de revenir à l'application de *l'art.* 63 de la loi du 18 juill. 1837. Les taxes dont il s'agit peuvent être considérées comme destinées à rembourser les communes des avances qu'elles auraient faites pour payer les frais de l'élagage.

Le rôle des taxes à payer par les propriétaires riverains ne doit pas être homologué par le juge de paix, aux termes de *l'art* 63 de la loi du 18 juillet 1837, il doit l'être par le sous-préfet. (Décision de M. le ministre de l'intérieur du 4 mai 1841.)

(2) Si donc l'administration permet de conserver jusqu'à leur dépérissement des plantations faites sur le sol des chemins vicinaux, elle fera un acte de pure tolérance pour lequel elle doit consulter surtout l'intérêt de la viabilité.

Art. 92. Les riverains ne pourront ouvrir de fossés sur leur propriété

Il ne vous échappera pas d'ailleurs, Monsieur le Préfet, que le régime des plantations se trouve actuellement et se trouvera quelques années encore dans un état de transition entre la liberté absolue qui résultait de l'absence de règles positives et l'ordre plus régulier que permet d'établir l'article 21 de la loi du 21 mai 1836; c'est ce qu'il ne faut pas perdre de vue, afin de ne pas s'exposer au reproche de vouloir donner à la législation nouvelle un effet rétroactif.

Ainsi, en ce qui concerne les plantations *le long des chemins vicinaux*, celles qui auraient été faites antérieurement à la publication de votre arrêté doivent nécessairement être tolérées jusqu'à leur dépérisssement; elles ont été faites de bonne foi et ne constituent pas une contravention, à moins, cependant, que des règlements locaux antérieurs à la loi du 21 mai 1836 n'eussent déjà fixé la distance des plantations le long des chemins Dans ce dernier cas, sans doute, on pourrait, dès à présent, se fonder sur ces règlements locaux, pour prescrire la destruction de ces plantations, si l'intérêt de la vicinalité l'exigeait. Mais, en l'absence de ces anciens règlements, il faudrait, je le répète, tolérer les plantations existantes, en empêchant soigneusement qu'elles ne soient renouvelées à des distances autres que celles voulues par l'arrêté, et en prescrivant un élagage assez fréquent pour que l'ombre ne nuise pas trop à l'asséchement du chemin. (Instruction ministérielle du 10 octobre 1839.)

JURISPRUDENCE.

La cour, attendu que le tribunal de simple police de Saint-Omer était saisi par le ministère public d'une contravention à un arrêté du Préfet du Pas-de-Calais du 21 décembre 1837, pris en vertu de l'article 21 de la loi du 21 mai 1836, et portant modification d'un précédent arrêté du 19 avril précédent ; — attendu que cette contravention, régulièrement constatée à la charge des sieurs Bigault et Foucault, n'a point été contestée par eux, mais a été, au contraire, formellement avouée ; — attendu que néanmoins le tribunal s'est déclaré incompétent, par le motif que la propriété est engagée dans la cause dont il s'agit; — attendu qu'aucune exception de propriété n'a été proposée par les défendeurs, que les exceptions de ce genre ne peuvent être suppléées, et qu'il est impossible de voir la propriété engagée dans une action purement pénale, ayant trait à une plantation illégale d'arbres, sous le rapport de la distance qui devait les séparer, soit les uns des autres, soit du bord de la route ; — attendu dès-lors qu'en se déclarant incompétent, le tribunal de simple police de Saint-Omer a faussement interprété l'article 17 du code d'instruction criminelle et violé l'article 161 du même code, l'article 471, § 15 du code pénal, et l'article 21 de la loi du 21 mai 1836 ; — casse. (Arrêt de la Cour de cassation du 20 juillet 1858.)

Le propriétaire qui construit le long d'un chemin vicinal sans l'autorisation du Maire, contrairement à un arrêté du Préfet, commet une contravention que le juge de police doit réprimer sans qu'il ait à s'occuper de la question de savoir si les constructions empiètent ou non sur la largeur du chemin. (Arrêt de la Cour de cassation 12 août 1841.)

Le tribunal de police qui reconnaît que des travaux ont outrepassé la permission du maire, ne peut refuser de condamner le contrevenant, outre l'amende, à la destruction des travaux non autorisés, sous le prétexte qu'ils ne seraient pas confortatifs, ou qu'ils seraient en conséquence de l'autorisation accordée; c'est à l'administration seule qu'il appartient d'apprécier des considérations de cette nature. (Arrêt de la cour de cass. 13 août 1841.)

Les entrepreneurs et maçons qui font des reconstructions sans que l'alignement ait été obtenu, contrairement à la défense qui leur en est faite par des règlements municipaux, sont personnellement passibles de l'amende de 1 fr. à 5, comme les propriétaires eux-mêmes. (Arrêt de la cour de cass. 26 mars 1841.)

qu'à 50 centimètres du bord des chemins, et pourvu que leur profondeur n'excède pas un mètre (1), avec talus de 45 degrés.

Le pied des fossés pratiqués en élévation sera à la même distance, avec talus du côté du chemin.

Art. 93. Lorsque les chemins seront bordés par des fossés ou rigoles que l'administration aura fait exécuter pour l'écoulement des eaux, les communications entre ces chemins et les propriétés voisines ne pourront être établies que par des ponceaux ou madriers jetés sur ces fossés, et non par des remblais.

L'établissement et l'entretien desdits ponceaux seront à la charge des propriétaires intéressés.

Art. 94. Il est interdit de pratiquer, dans le voisinage des chemins, des excavations de quelque nature qu'elles soient, si ce n'est aux distances ci-après déterminées, à partir du bord desdits chemins; savoir:

Pour les carrières, marnières et galeries souterraines (2). 24 mètres.
Pour les puits et citernes 10
Argillières, sablonnières et excavations du même genre. 5
Mares publiques et particulières 5
Caves et fosses d'aisances 1

Les maires pourront, en outre, imposer aux propriétaires de ces excavations l'obligation de les entourer ou couvrir, suivant les cas, de clôtures propres à prévenir tout danger pour la sûreté publique.

Art. 95. Il est défendu aux laboureurs de tourner leurs charrues sur le sol des chemins; aux propriétaires et fermiers, d'ouvrir sur la voie publique des fossés transversaux pour la défense de leurs récoltes; toute contravention à ces prescriptions sera constatée par procès-verbal.

Chapitre 3.

Alignements.

Art. 96. Quiconque voudra construire, reconstruire ou planter, creuser des fossés ou enclore de quelque manière que ce soit une propriété riveraine d'un chemin vicinal ordinaire, sera tenu de demander préalablement l'autorisation au maire de la commune.

Art. 97. La demande en alignement sera rédigée en double minute, dont une sur une feuille de papier au timbre de un franc vingt-cinq centimes.

Le maire la communiquera à l'agent-voyer cantonnal, pour avoir son avis (3).

(1) **Arrêt du parlement de Normandie, du 17 août 1751.**

(2) **Déclaration du roi, du 17 mars 1780.**

(3) **Monsieur le Préfet, je suis informé que les expéditions de vos arrêtés sont déli-

Art. 98. Le rapport de l'agent-voyer sera précédé d'un plan.

Ce plan, dressé sur une échelle de 2 millimètres pour mètre, figurera le chemin sur une longueur d'au moins 200 mètres; les parties nécessaires pour donner au chemin la largeur fixée par l'arrêté de classement, seront indiquées par une teinte jaune; celles qui pourraient être cédées aux riverains seront représentées par une teinte rose; l'axe du chemin et la direction des rives seront indiqués par une ligne ponctuée ou par des lignes rouges.

Art. 99. Les maires prendront pour règle des alignements à donner par eux en vertu de l'article précédent :

1° La largeur assignée au chemin par le classement, de manière à ce que, là où cette largeur n'existerait pas, le complément en soit pris sur les deux riverains opposés, par moitié, à partir de l'axe du chemin, à moins que l'état des lieux ou le plan arrêté ne s'y opposent;

2° Les distances ci-après prescrites pour les plantations et fossés.

Art. 100. Les maires, en donnant les alignements, auront soin de faire les prescriptions et réserves nécessaires pour garantir le libre écoulement des eaux, sans qu'il puisse en résulter de dommage pour les chemins (1).

Art. 101. Les arrêtés des maires en matière d'alignement sur les chemins vicinaux devront être soumis à l'approbation du sous-préfet.

Art. 102. Les alignements sur les chemins vicinaux de grande communication seront donnés par le Préfet, sur l'avis du sous-préfet et du maire, et sur le rapport de l'agent-voyer de l'arrondissement.

Art 103. Nul ne pourra planter sur le bord des chemins, même dans sa propriété close, si ce n'est en observant les distances suivantes, qui seront calculées à partir de la limite extérieure, soit des chemins eux-mêmes, soit des fossés pratiqués pour l'écoulement des eaux.

Pour les pommiers, poiriers et autres arbres formant parasol, à   3^m 30^c.
Pour les arbres de haut jet, tels qu'ormes, chênes, peupliers
et qui croissent en forme pyramidale, à . . . .   2^m »
Pour les joncs marins et bois taillis, à . . . .   1^m 60.

vrées aux parties en marge de leurs pétitions et sur la même feuille de papier, lors même qu'il n'en a pas été fourni un double en papier timbré.

Il résulte de cette manière d'opérer que les intentions de la loi ne sont pas remplies, puisque l'article 12 de celle du 13 brumaire an 7 assujétit les pétitions à la formalité du timbre, et que les expéditions des actes administratifs sont également sujettes à cette formalité, d'après l'article 80 de la loi du 15 mai 1818.

Ainsi, aux termes d'une décision ministérielle du 23 avril 1829, ce n'est que dans le cas où les deux doubles de la pétition seraient en papier timbré, et l'un d'eux au timbre de 1 franc 25 centimes, que l'expédition de l'acte ou de l'arrêté pourrait être transcrite en marge de ce dernier. (Lettre de M. le Ministre des finances du 15 mars 1834).

(1) Un maire ne peut prescrire aux citoyens le curage des rigoles traversant leurs propriétés longeant le chemin vicinal, sous prétexte que le défaut de curage force les eaux à se répandre sur le chemin vicinal. (Arrêté de la cour de cassation du 27 juin 1839.)

Un préfet est compétent pour autoriser un particulier à établir un aqueduc sous un chemin vicinal, sauf l'approbation du ministre de l'intérieur. (Ord. 20 juilllet 1822; 4 août 1824; 26 oct. 1825.)

Pour les haies vives à , ... 0ᵐ 50.
sans qu'il soit permis de laisser croître, dans lesdites haies, aucuns baliveaux ou grands arbres (1).

L'espacement des arbres entr'eux ne sera pas moindre de 4 mètres.

Les constructions autorisées pourront être élevées sur la limite extérieure de la voie publique, à la condition de ne présenter aucune saillie (2).

Chapitre 4.

Acquisitions et concessions de terrein par suite d'alignements.

Art. 104. Lorsque, par suite de l'alignement donné, il y aura lieu, soit à une acquisition de terrain pour l'élargissement du chemin, soit à l'aliénation de parcelles excédant la largeur de la voie publique, il sera procédé à l'estimation du terrain à occuper, ou à céder, par deux experts nommés, l'un par le propriétaire, l'autre par l'administration, conformément à l'art. 15 de la loi du 21 mai 1836 (3).

Les agents-voyers seront généralement désignés comme experts de la commune, à moins que des circonstances particulières ne s'y opposent, ces agents ayant une position légale, qui les investit de la confiance de l'administration.

Les procès-verbaux d'expertise seront soumis à l'acceptation des particuliers, et ensuite communiqués aux conseils municipaux appelés à dé-

---

(1) Arrêt du parlement de Normandie, du 17 août 1751.

(2) Les haies à pied pourront être plantées à pied 1|2 du voisin, elles seront tondues au moins tous les six ans du côté du voisin, elles seront réduites alors à la hauteur de 5 à 6 pieds au plus, sans qu'il soit permis, dans lesdites haies plantées à pied, de laisser échapper aucuns baliveaux ou grands arbres, parce que néanmoins à l'égard des arbres dans les haies, lesquelles font la séparation des herbages et masures, sans être le long des terres labourables du voisin, il en sera usé comme par le passé. (Coutumes de Normandie, arrêt du parlement de Rouen du 17 août 1751.)

(3) Lorsque les propriétaires souscrivent à la cession qui leur est demandée aux conditions proposées par l'administration, il est passé entre les propriétaires et le Préfet un acte de vente qui est rédigé dans la forme des actes administratifs et dont la minute est déposée aux archives de la préfecture. (Loi du 3 mars 1810, art. 12.)

Lorsqu'une sente a été, suivant les formes légales, classée parmi les chemins vicinaux, la question de savoir s'il y a lieu de la supprimer comme inutile ne peut pas être déférée au conseil d'état par la voie contentieuse. (14 novembre 1833. Ord. conseil d'état.)

Lorsqu'un chemin vicinal, traversant la propriété d'un individu, ayant été abandonné, a été mis en culture par cet individu sur la propriété duquel il s'en est établi peu à peu un autre par l'usage, s'il arrive que le droit de passer sur le sol de l'ancien chemin soit réclamé par un propriétaire voisin, une telle demande, quand, d'ailleurs, le défendeur, sans invoquer aucun titre privé, se borne à soutenir que le chemin doit conserver la nouvelle direction qui lui est donnée, constitue une véritable action en rétablissement du chemin vicinal, et comme telle est hors de la compétence des tribunaux ordinaires. (5 mai 1828 — Arrêt de la Cour de Bordeaux.)

libérer sur la cession à faire, ou à voter les fonds nécessaires pour acquitter le montant des indemnités dues aux propriétaires riverains.(1).

Art. 105. Lorsque des considérations particulières et d'intérêt local s'opposeront à la cession du terrein intermédiaire, formant la partie entre le sol du chemin vicinal ordinaire et la propriété riveraine, il ne s'agira plus d'alignement, mais bien de bornage entre une propriété communale et une propriété particulière ; il sera dressé alors un procès-verbal pour constater cette opération.

Art. 106. En cas de cession de terrain, le plan d'alignement et l'arrêté du maire en double minute, le procès-verbal d'expertise, la délibération du conseil municipal, seront adressés au Préfet, par l'intermédiaire de MM. les sous-préfets, qui y joindront leur avis, et l'aliénation sera autorisée par un arrêté pris en conseil de préfecture.

Les pièces à soumettre à l'approbation de l'autorité préfectorale seront, en cas de bornage, le procès-verbal de cette opération et le plan des lieux en double minute, accompagné de la délibération du conseil municipal.

DIVERSES FORMALITÉS.

(1) Art. 1er Les maires des communes autorisés à cet effet par délibérations de conseils municipaux, approuvés par les préfets, pourront se dispenser de remplir les formalités de purge des hypothèques, lorsqu'il s'agira d'acquisitions d'immeubles faites de gré à gré et dont le prix n'excédera pas 100 francs.

Art. 2. A l'égard des acquisitions faites en vertu de la loi du 3 mai 1841, sur l'expropriation pour cause d'utilité publique, les maires seront tenus de se pourvoir également de l'autorisation des conseils municipaux et de l'approbation des préfets, avant d'exercer la faculté donnée par l'art. 19 de la susdite loi, de ne point purger les hypothèques pour les acquisitions dont la valeur ne s'élèverait pas au-dessus de 500 francs. (Ord. royale du 18 avril 1842.)

1º Les copies ou expéditions des arrêtés des préfets, qui accordent l'autorisation aux communes de vendre, acheter ou louer, ne sont pas soumises aux timbres lorsqu'elles sont transmises par le Préfet au maire avec mention de cette destination;

2º L'administration doit exiger que ces copies ou expéditions soient soumises au timbre lorsque le maire en fait usage, soit en les produisant à l'occasion des ventes, acquisitions ou locations faites au nom de la commune, soit en les mentionnant dans lesdits actes. (Circulaire de M. le Ministre du 5 février 1840.)

Conformément à la décision du 24 juillet 1837, il n'est payé par le trésor public aucun salaire aux conservateurs pour les actes relatifs aux expropriations pour cause d'utilité publique, dans tous les cas où les acquisitions sont faites pour le compte de l'état et à la charge du budget général, quelle que soit la participation des départements à la dépense.

Mais lorsque les indemnités de possession sont dues exclusivement par les départements, les communes ou les compagnies, ou particuliers cessionnaires, les conservateurs des hypothèques conservent le droit de percevoir le salaire fixé par le décret du 21 septembre 1810, sauf l'exécution de l'ord. royale du 1er mai 1816. (Décision de M. le ministre des finances du 16 novembre 1842.)

La loi du 13 brumaire an 7 porte expressément que le droit de timbre est établi sur tous les papiers destinés aux écritures qui peuvent être produites en justice et y faire foi. Il résulte de cette disposition, que tous les procès-verbaux, sans distinction ni exception, doivent être visés pour timbre et enregistrés en débet, sauf le recours sur les parties condamnées, pour le paiement du droit. (Décision du ministre de l'intérieur 31 décembre 1808.)

La décision de Son Excellence le Ministre des finances, en date du 25 mai dernier, porte : 1º que, par extension à la mesure déjà prise, le paiement de toute in-

Chapitre 5.

Répression des délits et contraventions.

Art. 107. A défaut d'arrêté municipal, MM. les sous-préfets pourront faire publier d'office les articles de ce règlement, et les contrevenants demeureront passibles des poursuites prescrites, soit à la requête des maires, adjoints, soit à celle des agents-voyers.

Art. 108. Les maires et adjoints, dans leurs communes respectives, et les agents-voyers, sont spécialement chargés de veiller à la conservation des chemins vicinaux ordinaires et de grande communication.

Art. 109. Toute anticipation sur la largeur d'un chemin vicinal sera constatée par procès-verbal du maire ou de l'adjoint, des agents-voyers ou du garde-champêtre, et de tous autres agents chargés de constater les contraventions.

Art. 110. Les maires poursuivront par toutes les voies de droit les propriétaires d'arbres ou de haies plantés à des distances plus rapprochées des limites des chemins que celles désignées à l'art. 99, à l'effet de faire abattre les plantations indûment faites depuis la publication de l'arrêté réglementaire du 25 novembre 1836. Celles qui sont antérieures à la publication de ce règlement pourront être conservées, mais elles ne pourront être renouvelées qu'à la charge d'observer les distances prescrites.

La plantation faite le long des chemins vicinaux, à des distances du bord des chemins ou avec un espacement moindre que ceux voulus par le règlement, constituant une infraction à un arrêté de l'autorité administrative, cette contravention devra être poursuivie devant le tribunal de simple police. A cet effet, procès-verbal sera dressé, et l'affaire sera instruite conformément à l'article 117 ci-après.

La plantation faite sur le sol des chemins vicinaux constituant une usurpation du sol de ces chemins, cette contravention sera poursuivie d'abord devant le conseil de préfecture pour obtenir la répression de l'usurpation, puis devant le tribunal de simple police, pour obtenir la condamnation à l'amende, conformément aux dispositions de l'ordonnance royale du 23 juillet 1838 (1).

---

demnité qui n'excédera pas 100 francs pourra être effectué sans exiger la production d'un certificat de non-inscription ni aucune autre formalité hypothécaire. (Circulaire du Ministre de l'intérieur du 15 juillet 1825.)

Vous vous conformerez aussi à la même décision, à l'égard des propriétaires qui auraient droit à des indemnités au-dessus de 100 francs, pour les cessions qu'ils auraient faites à un chemin communal. (Circulaire du Ministre de l'intérieur du 22 avril 1826.)

(1) Jurisprudence.

Les règlements généraux qui défendent de construire sur ou joignant la voie publique, sans obtention préalable de l'alignement, sont obligatoires de plein droit et sans qu'il soit besoin qu'un règlement local ait rappelé les citoyens à leur exécution. (Arrêt de la cour de cassation du 23 janvier 1841.)

Art. 111. Tout procès-verbal constatant des usurpations sera rédigé sur papier timbré ou visé pour timbre, enregistré dans les quatre jours

Un agent-voyer n'a pas qualité pour constater une contravention à la petite voirie dans l'intérieur des villes et bourgs. (Arrêt de la Cour de cassation 23 janvier 1841.)

Les conseils de préfecture restent chargés de faire cesser les usurpations commises sur les chemins vicinaux, et les tribunaux de simple police doivent, pour réprimer ces usurpations, prononcer l'amende établie par l'article 479, n° 11. du nouveau Code pénal: toute constatation d'une usurpation sur un chemin vicinal doit ainsi recevoir une sanction pénale.

Si cependant il en arrivait autrement, l'arrêté du conseil de préfecture devrait être immédiatement déféré au Roi, en son conseil d'état.

Si, d'un autre côté, un tribunal de simple police refusait de prononcer l'amende, lorsque la contravention aurait été déclarée constante par le conseil de préfecture, vous veilleriez à ce qu'il fût interjeté appel de ce jugement.

Vous ne perdriez pas de vue que le conflit ne peut être élevé devant les justices de paix: cette règle a été posée par plusieurs ordonnances royales rendues en conseil d'état, notamment celles des 4 avril et 28 juin 1837.

Vous veilleriez à ce qu'il en fût interjeté appel devant le tribunal de première instance, et, cet appel formé, vous élèveriez le conflit dans les formes déterminées par l'ordonnance royale du 1er juin 1828; vous m'en donneriez avis aussitôt, en m'adressant un rapport spécial sur l'affaire. (Circulaire ministérielle du 11 mai 1839.— Ord C. de c. juillet 1838.)

Les conseils de préfecture étant des juges d'exception, ne devaient connaître que des cas qui leur sont formellement attribués; ils excéderaient donc leur compétence:
1° S'ils condamnaient des voituriers à réparer le dommage causé à un chemin par le simple usage; car il ne s'agit pas là d'anticipation; et, en outre, ce serait percevoir arbitrairement un impôt que la loi seule peut créer. (Ord. 14 janvier 1824.)

2° S'ils condamnaient un particulier qui aurait construit en dehors du chemin et sans diminuer sa largeur: c'est là statuer sur une question de propriété de la compétence des tribunaux (Ord. 16 fév. 1825.)

3° S'ils ordonnaient le rétablissement d'un ancien chemin vicinal abandonné, ce serait administrer et non pas juger. (Ord. 1er mai 1822.)

Ils ne sont même compétents pour prononcer des amendes qu'en matière de grande voirie. (Arrêt du cons. du 27 fév. 1765, L. 22. juill. 1791.)

Il résulte pareillement, de divers arrêts du conseil d'état, que la déclaration de vicinalité doit seulement précéder *l'examen de la contestation portée au conseil de préfecture.* (Arr. du 23 juin 1818, 1er septembre 1819, 8 sept. 1824.)

Si, à l'époque où une anticipation avait été commise sur un chemin, la vicinalité de ce chemin n'avait pas été constatée par un acte administratif, et qu'elle ne le fût pas encore au moment de la décision, le conseil de préfecture était incompétent pour réprimer cette anticipation. (1er nov. 1826. Civ. c.)

L'opposition à un arrêté préfectoral qui déclare la vicinalité d'un chemin ne pouvait en suspendre l'exécution, ni empêcher le conseil de préfecture de réprimer les contraventions commises sur ce chemin. (15 nov. 1826. Ord. cons. d'état du 15 nov. 1826.)

La signification d'un arrêté de conseil de préfecture, faite à la requête du préfet, ne peut faire courir le délai du recours au conseil d'état; elle aurait dû être faite à la requête du maire, puisqu'il s'agit d'un chemin communal. (Ord. 2 juin 1832.)

Les huissiers n'ont pas à intervenir pour l'exécution des arrêtés des conseils de préfecture. En matière de voirie, ceux qu'ils rendent, en vertu de la loi du 9 ventôse an 13, pour les chemins vicinaux sont exécutoires comme leurs arrêtés relatifs aux contraventions sur les routes, par voie de contrainte et de garnisaires. Ils ne peuvent

et notifié administrativement au délinquant, avec invitation de remettre, dans le délai de dix jours, les lieux dans leur état primitif; à la suite du procès-verbal, sera tracé un plan visuel des lieux, indiquant par une teinte jaune la partie du chemin envahie. Au pied du procès-verbal une déclaration fera connaître, selon le cas, si l'anticipation subsiste encore, ou si on l'a fait disparaître.

MM. les sous-préfets adresseront les pièces avec leurs observations et leur avis au Préfet, qui déférera les contraventions au conseil de préfecture, afin de le mettre à portée de statuer conformément à la loi du 9 ventôse an XIII.

Art. 112. Il sera dressé à la diligence des fonctionnaires et agents susdits des procès-verbaux contre ceux qui auraient:

donc donner lieu à des frais d'huissiers. (31 déc. 1808. Circ. du Ministre de l'Int.)

Le fait d'avoir établi un talus gazonné le long d'un chemin, sans avoir satisfait à un arrêté légal du maire, qui défend de semblables travaux avant d'avoir obtenu l'alignement, constitue une contravention, encore bien que ce chemin ne serait pas limité par des bornes placées en présence des riverains, et que le talus serait à une assez grande distance de la voie sur laquelle on passe à pied et en voiture. (LL. 18 juill. 1837, art. 10 et 11; 16-24 août 1790, tit. 11, art. 5, n° 1er; C. pén., 471, n° 15. —Arrêt C. c. 10 juin 1843.)

Le fait d'avoir placé des heurtoirs sur un chemin constitue une dégradation ou usurpation, et non un simple embarras de la voie publique. (7 mars 1822. Cr. c.)

L'interception d'un chemin public par l'établissement d'une porte est pareillement une usurpation. (2 août 1823. Cr. c.)

Aujourd'hui la dégradation ou la détérioration d'un chemin vicinal n'est plus qu'une simple contravention de police, d'après le nouveau code pénal. (Art. 479, n° 11.)

Les tribunaux de simple police ne peuvent examiner si un particulier, autorisé à supprimer un chemin vicinal et à en donner un autre en remplacement et de même largeur, a rempli ou non les conditions de l'arrêté. C'est l'autorité administrative seule qui doit connaître de son exécution. (15 oct. 1807. Cr. c.)

Le propriétaire qui a construit des marches en saillie sur la voie publique, sans autorisation, ne peut être affranchi de l'obligation de les enlever par le tribunal de simple police, sous le prétexte qu'il existe dans la même rue plusieurs marches semblables et que le contrevenant aurait obtenu l'autorisation d'établir les siennes, s'il l'avait demandée.

Il ne peut non plus acquérir par aucun laps de temps le droit de les conserver, la voie publique étant imprescriptible. (Arrêts de la Cour de cassation 12 août 1841, 20 août 1841.)

L'autorisation donnée par le maire de gratter, blanchir et badigeonner une façade, ne s'étend pas au récépissage qui est un ouvrage confortatif. (Arrêt de la Cour de cassation 19 octobre 1840.)

Les usurpations commises sur les chemins vicinaux ne doivent pas être assimilées aux délits successifs, et dès lors c'est à partir du moment où l'usurpation a été commise que commence à courir la prescription de la contravention qui en résulte. (C. inst. crim., 640. Arrêt de la C. c. du 16 décembre 1842.)

Lorsqu'il existe un procès-verbal d'abornement des chemins vicinaux contradictoirement dressé avec les habitants de la commune, adopté par le conseil municipal et approuvé par le Préfet, le conseil de préfecture est compétent pour ordonner la *répression* des envahissements commis par un particulier sur ces chemins; sauf au contrevenant à porter devant les tribunaux la question, soit de propriété du chemin, soit de l'indemnité qui pourrait lui être due par suite des débats judiciaires. (Ordonnance du 10 août 1825.)

1° Contrevenu aux articles 80, 94, 96, 103, 110, 120 et 121, du présent arrêté, concernant les alignements, constructions, plantations, excavations, etc. ;

2° Enlevé, sans y être dûment autorisés, les gazons, terres ou pierres des chemins ;

3° Déposé sans nécessité, sur la voie publique, des matériaux ou des objets quelconques, qui empêchent ou diminuent la sûreté des communications (1);

4° Contrevenu aux dispositions qui leur seront prescrites par des règlements ou arrêtés particuliers pour l'écoulement des eaux pluviales ou ménagères;

5° Dégradé ou détérioré lesdits chemins, de quelque manière que ce soit (2).

Art. 113. Ces procès-verbaux, prealablement visés comme il est dit à l'art. 111, seront transmis au magistrat, faisant les fonctions de ministère public près le tribunal de police du canton, pour être requis, selon les cas, contre les contrevenants. l'application des art. 471 et 479 du code pénal modifié.

TITRE VI.

Dispositions diverses.

Art. 114. Les chemins vicinaux sont maintenus dans la largeur fixée par l'arrêté qui les a reconnus et classés. Dans le cas où il sera nécessaire de les élargir, leur largeur ne pourra être portée au-delà de six mètres entre les fossés, lorsqu'il en sera établi.

Art. 115. La largeur des chemins vicinaux de grande communication sera déterminée par un arrêté spécial pour chaque chemin ; elle ne pourra excéder huit mètres, auxquels sera également ajoutée la largeur des fossés, s'il y a lieu.

Art. 116. Les fossés des chemins vicinaux et de ceux de grande communication auront un mètre d'ouverture au niveau des accotements.

Art. 117. Les fossés ouverts sur le sol des chemins vicinaux faisant partie intégrante des chemins, seront curés et entretenus par les mêmes moyens que ceux affectés à l'entretien et à la réparation des chemins eux-mêmes, et sous la surveillance des mêmes autorités.

Art. 118. Lorsqu'un propriétaire riverain voudra profiter, comme

---

(1) Celui qui a déposé sans nécessité des matériaux sur la voie publique doit être condamné, outre l'amende, à enlever ce dépôt, lorsque le ministère public y a conclu.

Il appartient souverainement au juge de police d'apprécier s'il y a eu nécessité. (Arrêt de la cour de cassation 12 août 1841, 13 août 1841.)

(2) L'usurpation d'un chemin public constitue la contravention prévue par l'art. 179, n° 11, du code pénal, que ce chemin ait été ou non classé comme vicinal. (Arrêt de la cour de cassation 21 avril 1841.)

engrais, du limon déposé dans les fossés, il ne pourra être autorisé à l'enlever qu'à la charge de curer à fond et d'entretenir les fossés dans leur profondeur et largeur.

Art. 119. Toute anticipation qui tendrait à rétrécir et à faire disparaître les fossés sera poursuivie de la même manière que les usurpations sur le sol même des chemins.

Art 120. L'homologation des plans des chemins vicinaux de grande communication, dans la traverse des communes, aura lieu par un arrêté préfectoral, après l'accomplissement des formalités prescrites par l'instruction ministérielle du 10 décembre 1839 (1).

L'original du plan homologué restera aux archives de la préfecture, une copie sera déposée aux archives de chaque mairie, une autre à la sous-préfecture, où les habitants pourront en venir prendre connaissance lorsqu'ils auront à faire des constructions ou clôtures le long de la traverse du chemin de grande communication.

Le maire, par un arrêté publié en la forme ordinaire, rappellera à ses administrés que nul ne pourra, sous peine d'être poursuivi conformément aux lois, construire, reconstruire aucun bâtiment ou mur le long de la traverse, sans avoir préalablement demandé et obtenu l'autorisation de l'autorité préfectorale (2).

Art. 121. Les agents-voyers et les maires veilleront à ce qu'il ne soit fait aucune construction sans autorisation légale ; toute contravention sera constatée par un procès-verbal.

Dans le cas où la construction, irrégulièrement faite, empiéterait sur la largeur légale de la traverse, l'anticipation serait poursuivie devant le conseil de préfecture, pour obtenir la réintégration du sol ; ensuite devant le tribunal de simple police pour la condamnation à l'amende ; si, au contraire, la construction n'avait pas anticipé sur le sol vicinal, il n'y

---

(1) C'est au Préfet seul, en matière de redressement de chemins vicinaux de grande communication, qu'il appartient de tracer la ligne entre les points indiqués par le conseil général.

En matière de chemins vicinaux, le Préfet est substitué à l'autorité supérieure pour prononcer sur l'avis de la commission tendant à une modification du tracé.
(Arrêt de la Cour de cassation du 21 juin 1842.)

(2) EXTRAITS DE LA CIRCULAIRE DU MINISTRE DE L'INT. DU 10 DÉC. 1839.

Dans beaucoup de communes rurales, il se trouve souvent, devant les maisons ou autres constructions, des terrains vagues dont les habitants se servent pour déposer soit des fumiers, soit des instruments aratoires. Par l'effet d'un long usage, il arrive que ces habitants se prétendent propriétaires de ces terrains. Voici un arrêt de la cour de cassation sur une prétention semblable.

Attendu, en droit, qu'il existe présomption légale que les terrains laissés par les riverains le long des rues et des places publiques en construisant des murs ou des bâtiments dépendent de ces rues et places publiques ; attendu, en fait, que le jugement attaqué a reconnu que le terrain en litige faisait partie de la place publique de Velezy, parce qu'il était en dehors des murs construits par le demandeur, construction par laquelle il a lui-même déterminé la limite de sa propriété, rejette, etc.
(Arrêt de la Cour de cassation du 21 mai 1858.)

Dans le cas où la construction irrégulièrement faite empiéterait sur la largeur

aurait lieu à poursuivre que devant le tribunal de simple police, pour contravention à un règlement de l'autorité administrative.

Art. 122. Les arrêtés préfectoraux sus visés, des 25 novembre 1836, 12 mai et 9 septembre 1840 et 15 avril 1841, sont abrogés.

Art. 123. MM. les sous-préfets, maires, adjoints, directeurs et contrôleurs des contributions directes, percepteurs-receveurs municipaux et agents-voyers, sont chargés, chacun en ce qui le concerne, de l'exécution du présent arrêté réglementaire, qui sera inséré au Recueil des Actes administratifs, après avoir été approuvé par M. le Ministre de l'intérieur.

Evreux, le 29 octobre 1843.

Le Maître des requêtes, Préfet de l'Eure,

ZÉDÉ.

Vu et approuvé.

Paris, le 11 novembre 1843.

LE MINISTRE DE L'INTÉRIEUR,

DUCHATEL.

---

légale de la traverse, l'anticipation serait poursuivie devant le conseil de préfecture pour obtenir la réintégration du sol, et devant le tribunal de simple police pour la condamnation à l'amende; si, au contraire, la construction n'avait pas anticipé sur le sol vicinal, il n'y aurait lieu à poursuivre que devant le tribunal de simple police, pour contravention à un règlement de l'autorité administrative.

Tout ce que l'administration peut exiger dans un intérêt de police et de salubrité publique, c'est que le propriétaire se close à la limite de l'alignement, soit par un mur, soit par une grille ou une haie, selon l'usage des localités. Si, en effet, il restait un enfoncement devant une construction, il s'y formerait bientôt un dépôt d'immondices ou de fumiers nuisibles à la salubrité.

On ne pourrait non plus, sous prétexte de faciliter la circulation ou de favoriser l'assèchement de la voie publique, obliger un propriétaire à laisser un espace entre ses constructions et la limite d'alignement. Cette limite, telle qu'elle est tracée au plan, constitue le sol dû à la voie publique, et tout propriétaire riverain a le droit d'avancer ses constructions jusqu'à l'extrême bord de l'alignement, sauf, ainsi que je l'ai dit plus haut, à payer à la commune le sol qu'il occuperait.

Evreux. — CANU. Imprimeur de la Préfecture

TABLE

DES MATIÈRES.

Aqueduc, p. 49.
Acquisitions et cessions de terreins p. 19, 20, 40, 50, 51.
Adjudications, p. 38, 40.
Agents-voyers, p. 7, 8, 9, 28, 36, 39, 40, 53.
Alignements, p. 47, 48, 49.
Anticipations, p. 53, 54, 56 (*voir contraventions*).
Arbres, p. 46, 47, 49.
Bornage, p. 13, 54.
Cantonniers, p. 39.
Changements de direction, p. 19, 20, 50.
Chemins de grande communication, p. 22, 27, 28, 29, 30, 38, 40, 43, 56.
Classement, p. 10, 11, 12, 18, 21, 53.
Comptabilité, p. 22, 37, 44, 45.
Contributions particulières, propriétés de l'état, p. 31, 32.
Contraventions, p. 54, 55, 56.
Conseils de préfecture, p. 50, 52, 53 (*voir contraventions, acquisitions et cessions de terreins, extractions, subventions*).
Déclassement, p. 12, 29.
Dégradations (*voir contraventions*).
Elagages, p. 45.
Elargissement, p. 16, 40.
Emprunt, p. 31.
Enregistrement (*voir timbre*).
Excavations, p. 46.

Expropriations, p. 14, 15, 16, 17, 18, 20, 40.
Extractions de matériaux, 41, 42.
Fossés et rigoles, 46, 47, 48, 49.
Impositions extraordin[res], p. 25, 26.
Inspecteurs spéciaux, p. 9, 10.
Haies et plantations, p. 45, 46, 47, 50.
Huissiers, p. 53.
Maçons, constructions, 47.
Percepteurs-receveurs municipaux, 26, 27, 43, 44.
Propriété, p. 10, 13, 20, 21, 50, 51.
Prestations en nature, p. 20, 21, 22, 23, 24, 25, 29, 30, 35.
Procès-verbaux, p. 44 (*voir timbre*).
Police, p. 45 (*voir contraventions*).
Purge d'hypothèques, p. 50, 51.
Ouvertures de chemins, p. 14, 15, 19.
Redressement, p. 14, 15, 19.
Règlements généraux, p. 52.
Subventions particulières, p. 32, 33, 56.
Subventions département[les], p. 28, 30.
Suppression, p. 50, 54.
Travaux, p. 35, 37, 38, 40.
Tracés, p. 15, 56.
Timbre et enregistrement, p. 32, 48, 51.
Tribun[x], p. 40, 43, 47, 52, 54, 55, 56 (*voir contraventions, propriétés*).

www.ingramcontent.com/pod-product-compliance
Lightning Source LLC
LaVergne TN
LVHW021730080426
835510LV00010B/1191